PONS

Bildwörterbuch

ARABISCH DEUTSCH

ألمانِي عربي

PONS GmbH
Stuttgart

INHALT
المُحتوى

HINWEISE ZUR BENUTZUNG DES WÖRTERBUCHS

Mit den 1.500 nützlichsten Wörtern ist dieses Wörterbuch im täglichen Leben Ihr idealer Begleiter. Hier die wichtigsten Tipps, wie Sie den größten Nutzen aus dem Buch ziehen:

1. Schnell übersetzen

Dieses Wörterbuch ist nach den neun wichtigsten Themenfeldern aus dem Alltagsleben gegliedert. Ob im Haushalt, unterwegs oder im Beruf: Blättern Sie zum relevanten Kapitel und schon haben Sie die Wörter, die Sie brauchen, auf einen Blick. Sie suchen ein ganz bestimmtes Wort? Schlagen Sie einfach hinten im alphabetischen Index nach.

2. Die wichtigsten Sätze

In den neun Kapiteln finden Sie neben der reinen Wort-Bild-Zuordnung auch Sätze für die häufigsten Situationen.

3. Richtig aussprechen

Damit Sie jedes Wort richtig aussprechen, haben wir alle Wörter und Sätze nach dem Standard der American Library Association (ALA) transkribiert. Die arabische Transkription steht im Wörterbuchteil unmittelbar neben dem Wort. Die deutsche Lautschrift finden Sie im alphabetischen Index. Eine Übersicht über die arabische Transkription und die deutschen Phonetikzeichen finden Sie jeweils auf der ersten und der letzten Seite des Buches.

4. Ganz ohne Worte

Sollten Ihnen doch mal die Worte fehlen, zeigen Sie einfach auf das entsprechende Bild. So können Sie sich überall auf der Welt ganz ohne Sprache verständigen.

Das sollten Sie noch wissen

Die Wörter in diesem Wörterbuch stehen immer in der Einzahl, es sei denn sie werden in der Regel nur in der Pluralform verwendet.

Die Grundform der arabischen Verben ist die 3. Person Singular Vergangenheit.

Es war uns wichtig, bei Funktions- und Berufsbezeichnungen Männer und Frauen gleichermaßen und gleichberechtigt zu berücksichtigen. Da wir aber aus Platzgründen nicht immer beide Geschlechter gleichzeitig abbilden können, orientiert sich das Geschlecht des Wortes immer am Geschlecht der abgebildeten Figur.

Da die arabische Schrift von rechts nach links läuft, beginnt der arabische Index ganz am Ende des Buches.

يُعتبر هذا القاموس بما يحتويه مِن 1500 كلمة مفيدة للغاية، الرفيق المِثالي فِي الحياة اليومية. وفيما يلي أَهَمّ النّصائح للاستفادة القُصوى مِن هذا القاموس:

1. ترجمةٌ سريعة

يتشكل هذا القَاموس مِن تِسْعة مواضيع رئيسية تخص الحَياة اليومية. وسواء تعلّق الأمر بالمنزل، أو بالطَريق أو بالعَمَل، تصفّح القاموس الذي بين يديك وانتقل إلى الموضوع المرغوب فيه لنجد عرضا للكلِمات التي تحتاجها. أمّا إذا كنت تبحث عن كلمة بذاتها، فما عليك إلاّ الرجوع الى الفهرس الأبجدي.

2. العِبارات الأكثر أهميّة

وإلى جانِب الشرح المُصوّر للكلمات، ستجد أيْضًا الجُمَل والتّعابير الأكثر استخداما في الحياة اليومية.

3. من أجل نطق سليم

حتّى تتمكّن مِن نُطْق كُلّ كلمة نُطْقا سليما، أضفنا إلى كلّ الكلمات والعِبارات طريقة نطقها بشكل كتابي، وذلك حسب الطريقة القياسية لجمعية المكتبات الأمريكية (ALA). وتوجد النَقل الصوتي بالعربية في قسم القاموس مباشرة بجانب كل كلمة. أمّا الكتابة الصّوتية الألمانية فتوجد في الفهرس الأبجدي. كما توجد في الصفحتين الأولى والأخيرة من الكتاب لمْحة عامّة عن الرموز الصّوتية الألمانية والنّقل الصوتي العربي.

4. تفاهم بدون كلمات

إذا لَم تَخْطُر بِبَالِك كلِمة ما في موقف معيّن، فما عليك إلّا أنْ تُشير إلى الصُّورة المُناسبة لِتتمكّن مِنَ التّفاهم مع الغير في أيّ مكان من العالَم، وذلك بدون كلام.

ما عليك أن تَعْلمه أيضا

ترِد الكلمات في هذا القاموس دائما فِي صيغة المُفرد، إلّا إذا كانت الكلمة تُسْتعمل عادةً في صيغة الجمعِ فقط.

إنّ المصدر النّحوي للأفعال العربية هو صيغة الماضي لضمير المفرد المُذكّر الغائب.

لقد حرصنا في هذا الكتاب في قسم الوظائِف والمِهن أن نوليَ عنايتنا للرَّجال والنِّساء عَلى قَدَم المُساواة، ولكن نظراً لِضيق المكان، تعذَّر علينا وضْع صورتين لِكلا الجِنسَين لِلتعبير عَن كلّ مِهْنة واكْتفينا بِصورَة واحدة لِأَحد الجنسَين. وَفي هَذه الحالة يتْبع جنس الكلمة جنس الشَّخص المعروض في الصورة.

بما أنّ اللغة العربيّة تُكتب من اليمين إلى اليسار، يبدأ الفهرس العربي في نهاية الكتاب.

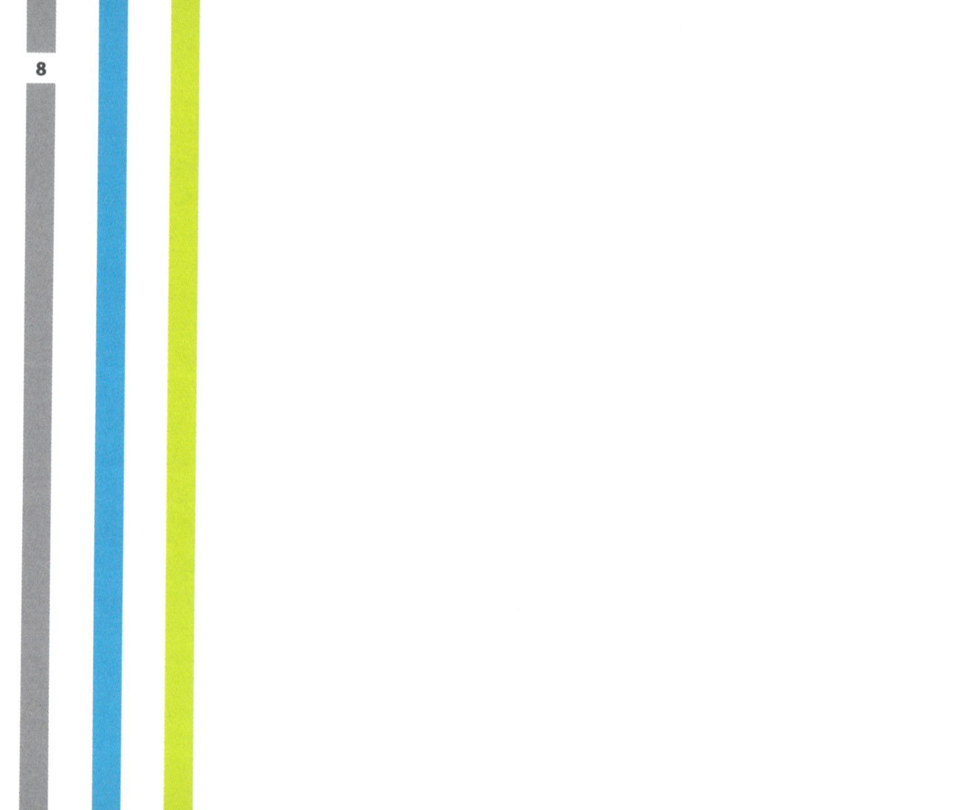

FAMILIE UND FREUNDSCHAFT

العائلة والصّداقة

DIE FAMILIE - العائِلَة

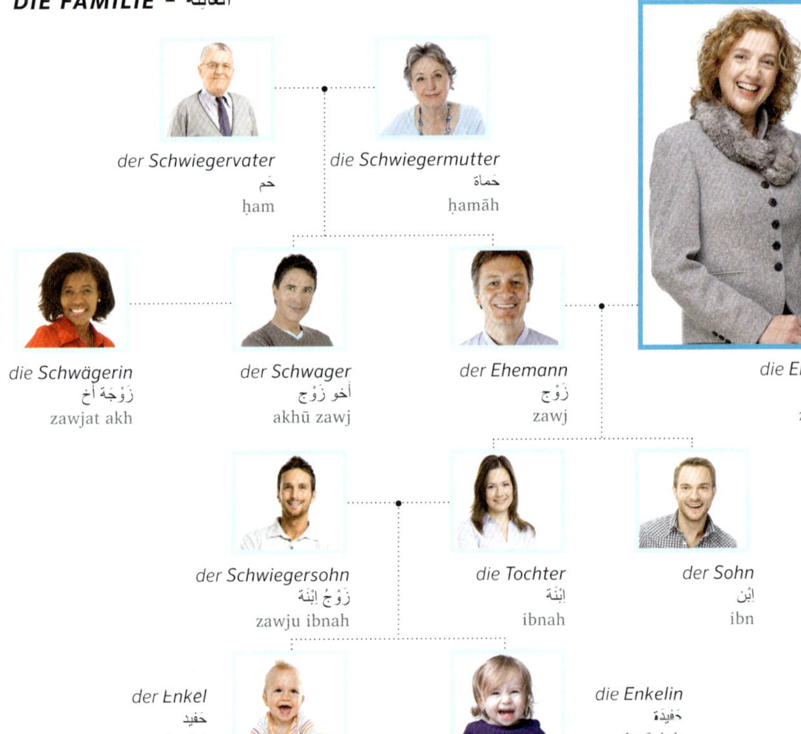

DIE FAMILIE - العائِلَة

BEZIEHUNGEN - عَلاقات

das Baby
رَضيع
raḍīʿ

das Kind
طِفْل
ṭifl

die Frau
اِمْرَأة
imaraʾah

Frau ...
سَيِّدَة...
sayyidah

die Jugendliche
شابَّة
shābbah

die Zwillinge
تَوْأم
tawʾam

das Paar
زَوْجان
zawjāṇ

die Freundin
صَديقَة
ṣadīqah

der Freund
صَديق
ṣadīq

die Großeltern	jad wa jaddah	جَد وَ جَدَّة
die Eltern	wālidān	والِدان
das Ehepaar	zawjāṇ	زَوْجان
ledig	ʿāziḅ	عازِب
verheiratet	mutazawwij	مُتَزَوِّج
geschieden	muṭallaq	مُطَلَّق
verwitwet	armal	أرْمَل
die Tante (mütterlicherseits)	khālah	خالَة
der Onkel (mütterlicherseits)	khāl	خال

Herr ...
سَيِّد...
sayyid

der Mann
رَجُل
rajul

BEZIEHUNGEN - عَلاقات

der Junge
وَلَد
walad

das Mädchen
بِنْت
bint

die Freunde
أَصْدِقاء
aṣdiqāʾ

jemanden vorstellen
عَرَّفَ (عَلى)
ʿarrafa (ʿalā)

jemanden begrüßen
رَحَّبَ (بـ)
raḥḥaba (bi)

sich die Hand geben
صافَحَ
ṣāfaḥa

sich verbeugen
إِنْحَنى
inḥanā

sich umarmen
عانَق
ʿānaqa

der/die Bekannte
مَعْرِفَة
maʿrifah

der Erwachsene	bāligh	بالِغ
die Geschwister	ikhwah wa-akhawāt	إِخْوة وَ أَخَوات
der Patenonkel	ʿarrāb	عَرّاب
die Patentante	ʿarrāba	عَرّابَة
der Stiefvater	zawj um	زَوْج أم
die Stiefmutter	zawjat ab	زَوْجة أَب
der Stiefbruder	akh ghair shaqīq	أخ غَيْر شَقيق
die Stiefschwester	ukht ghair shaqīqa	أُخت غَيْر شَقيقَة
der Nachbar	jār	جار
die Nachbarin	jārah	جارَة

BEZIEHUNGEN - عَلاقات

jemandem einen Kuss geben
أَعْطى قُبْلَة
aʿṭā qublah

sich verabschieden
وَدَّع
waddaʿa

winken
لَوَّح
lawwaḥa

lachen
ضَحِك
ḍaḥika

weinen
بَكَى
bakā

jemanden anrufen
إتَّصَلَ (بِ)
ittaṣala (bi)

das kleine Geschenk
هَدِيَّة صَغيرَة
hadīyah ṣaghīrah

die Hochzeit
زَفاف
zafāf

der Geburtstag
يومُ الميلاد
yawmul-mīlād

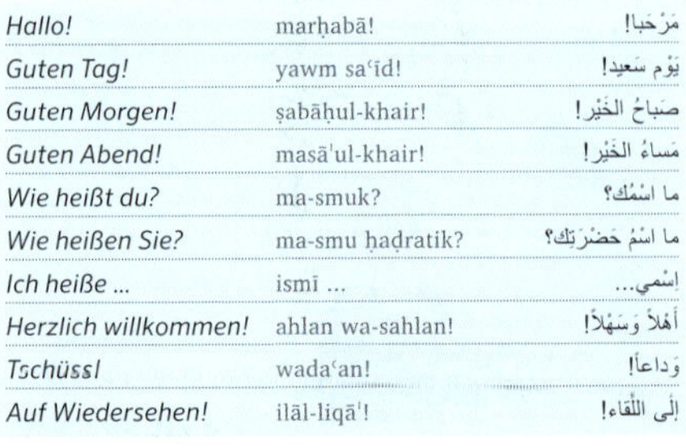

Hallo!	marḥabā!	مَرْحَبا!
Guten Tag!	yawm saʿīd!	يَوْم سَعيد!
Guten Morgen!	ṣabāḥul-khair!	صَباحُ الخَيْر!
Guten Abend!	masāʾul-khair!	مَساءُ الخَيْر!
Wie heißt du?	ma-smuk?	ما اسْمُك؟
Wie heißen Sie?	ma-smu ḥaḍratik?	ما اسْمُ حَضْرَتِك؟
Ich heiße ...	ismī ...	إسْمي...
Herzlich willkommen!	ahlan wa-sahlan!	أَهْلاً وَسَهْلاً!
Tschüss!	wadaʿan!	وَداعاً!
Auf Wiedersehen!	ilāl-liqāʾ!	إلى اللِّقاء!

WOHNUNG UND HAUSHALT

السّكن والأعمال المنزلية

DIE WOHNUNG - الشَّقة

das Einfamilienhaus
مَنْزِل لِعائِلَة واحِدَة
manzil liʿāʾilah wāḥidah

das Mehrfamilienhaus
عِمارَة
ʿimārah

der Briefkasten
صَنْدوق بَريد
ṣandūq barīd

die Türklingel
جَرَس الباب
jaras al-bāb

die Sprechanlage
هاتِف داخِلي
hātif dākhilī

die Hausnummer
رَقَم البَيْت
raqam al-bayt

der Hausschlüssel
مِفْتاح البَيْت
miftāḥ al-bayt

das Türschloss
قِفْل الباب
qifl al-bāb

der Fußabtreter
سِجّادَة الباب
sijjādat al-bāb

die Eigentumswohnung	shaqqah tamlīk	شَقَّة تَمليك
die Mietwohnung	shaqqah ījār	شَقَّة إيجار
der Hof	bahū	بَهو
das Eigentum	milkīyah	مِلْكِيَّة
das Grundstück	arḍ ʿaqār	أَرْض عَقار
der Umbau	taghyyr fil-bināʾ	تَغْيير في البِناء
der Anbau	bināʾ mulḥaq	بِناء مُلْحَق
zu verkaufen	lil-bayʿ	لِلْبَيْع

DIE WOHNUNG - الشَّقة

der Hausmeister
بَوّاب
bawwāb

der Dachboden
سَقيفَة
saqīfah

der Keller
قَبو
qabū

der Flur
مَمَر
mamar

der Aufzug
مِصْعَد
miṣʿad

die Garage
مِرآب
mirʾāb

der Rauchmelder
كاشِف دُخان
kashif dukhān

das Treppenhaus
بَيْت الدَّرَج
bayt ad-daraj

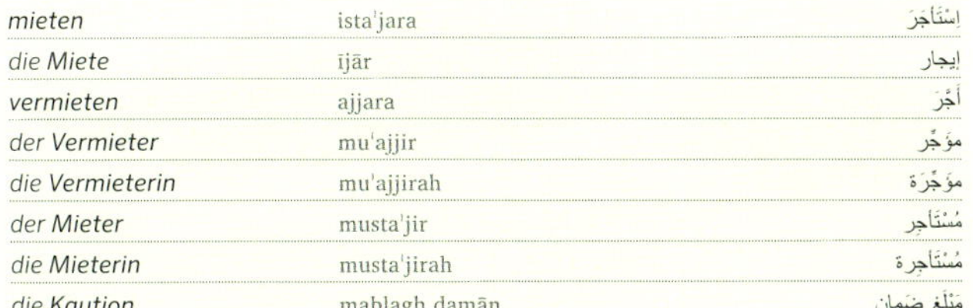

mieten	istaʾjara	اِسْتَأجَرَ
die Miete	ījār	إيجار
vermieten	ajjara	أَجَّرَ
der Vermieter	muʾajjir	مؤَجِّر
die Vermieterin	muʾajjirah	مؤَجِّرَة
der Mieter	mustaʾjir	مُسْتَأجِر
die Mieterin	mustaʾjirah	مُسْتَأجِرة
die Kaution	mablagh ḍamān	مَبْلَغ ضَمان

der Mietvertrag
عَقْد إيجار
ʿaqd ījār

DAS HAUS - المَنْزِل

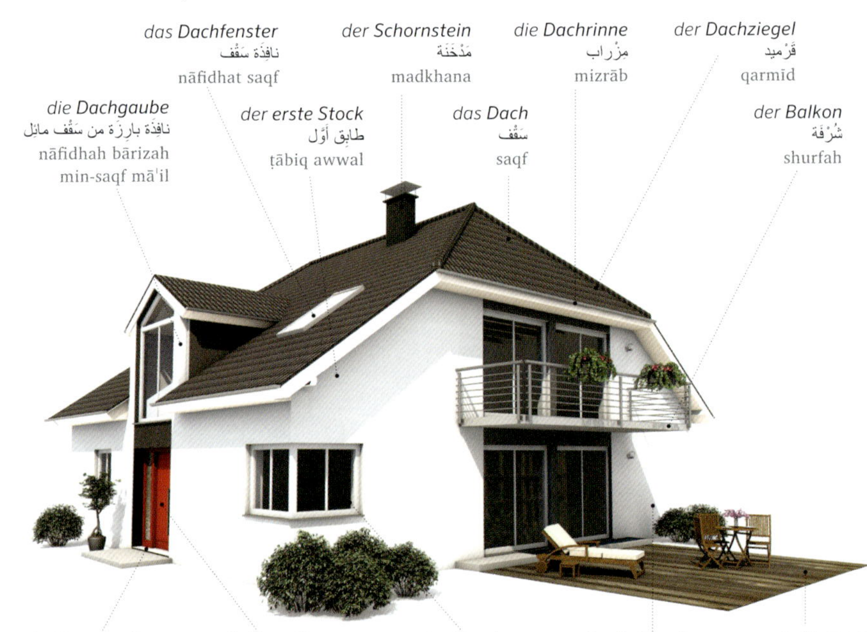

DAS HAUS - المَنْزِل

das Schlüsselbrett
عَلّاقَة مَفاتيح
ʿallāqat mafātīḥ

der Kleiderhaken
مِشْجَب
mishjab

der Kleiderbügel
عَلّاقَة ثِياب
ʿallāqat thiyāb

der Schuhlöffel
لَبّيسَة حِذاء
labbīsat ḥidhāʾ

das Bücherregal
مَكْتَبَة
maktabah

die Vitrine
خِزانَة بِواجِهَة زُجاجِيَّة
khizānah
bi-wājihahzujājīyah

die Fernsehbank
طاوِلَة تِلفاز
ṭāwilat tilfāz

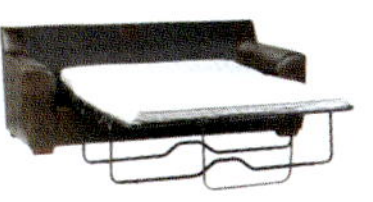

die Schlafcouch
أَريكَة سَرير
arīkat sarīr

die Blumenvase
مَزْهَرِيَّة
mazharīyah

die Anrichte
كومودينة جانِبية
kumudīnah jānibīyah

der Hochstuhl
كُرسي طَعام لِلأَطْفال
kursī ṭaʿām lilʾaṭfāl

die Wanduhr
ساعَة حائِط
sāʿah ḥāʾiṭ

DAS WOHNZIMMER - حُجرة الجُلوس

der Spiegel
مِرْآة
mir'āh

der Vorhang
سِتارة
sitārah

der Ventilator
مِرْوَحة
mirwaḥah

die Decke
سَقْف
saqf

das Sofa
أَريكَة
arīkah

die Lampe
مِصْباح
miṣbāḥ

der Beistellschrank
كومودينة جانِبية
kūmūdīnah jānibīyah

der Kamin
مِدْفَئة حَطب
midfa'at ḥaṭab

der Sessel
كَنَبة مُفْرَدَة
kanabah mufradah

der Couchtisch
طاوِلَة غُرفَة الجُلوس
ṭāwilat ghurfat al-julūṣ

der Teppichboden
سَجّادَة
sijjādah

DAS ESSZIMMER - غُرْفة الأكل

das Rollo
سِتار على بَكَرة
sitār ʿalā bakarah

der Kronleuchter
ثُرَيَّا
thurayyā

der Stuhl
كُرسي
kursī

die Vitrine
خِزانَة بِواجِهَة زُجاجيَّة
khizānah bi-wājihah zujājīyah

die Zimmerpflanze
نَبْتَة مَنْزِليَّة
nabtah manzilīyah

das Fensterbrett
حافة نافِذة
ḥāfat nāfidhah

der Esstisch
طاوِلة طَعام
ṭāwilat ṭaʿām

der Tischläufer
غِطاء طاوِلة
ghiṭāʾ ṭāwilah

die Tischdekoration
زينَة الطاوِلة
zīnat aṭ-ṭāwilah

die Kerze
شَمْعَة
shamʿah

der Holzboden
أرْضيَّة خَشَبية
arḍīyah khashabīyah

DIE KÜCHE - المَطْبَخ

die Einbauküche
مَطْبَخ مُجَهَّز
maṭbakh mujahhaz

die Spülmaschine
غَسَّالَة صُحون
ghassālat ṣuḥūn

die Arbeitsplatte
مَكان تَحْضير الطَّعام
makān taḥḍīr aṭṭaʿām

der Hängeschrank
خِزانَة مُعَلَّقَة
khizāna muʿallaqah

die Dunstabzugshaube
شَفَّاط بُخار
shaffāṭ bukhār

der Herd
مَوقِد
mawqid

der Backofen
فُرْن
furn

das Spülbecken
حَوْض
ḥawḍ

der Küchenhocker
مَقْعَد مَطْبَخ
maqʿad maṭbakh

die Schublade
دُرْج
durj

der Gefrierschrank
مُجَمِّد
mujammid

der Kühlschrank
ثَلَّاجَة
thallājah

DIE KÜCHE - المَطْبَخ

die Mikrowelle
فُرْن ميكروويف
furn mikrūwyf

der Mixer
خَلَّاط
khallāṭ

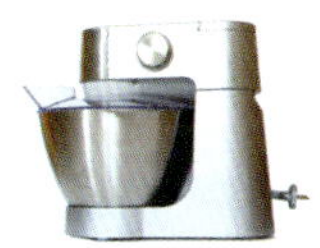

die Küchenmaschine
ماكينَة المَطْبَخ
mākīnat al maṭbakh

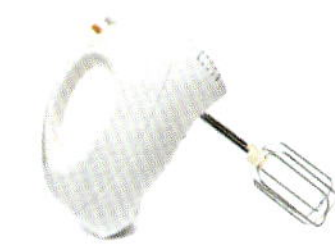

das Handrührgerät
خَفَّاق كَهْرُبائي
khaffāq kahrubā'ī

der Wasserkocher
غَلَّاية ماء
ghallāyat mā'

der Toaster
مَحْمَصَة خُبْز
maḥmaṣat khubz

die Küchenwaage
ميزان مَطْبَخ
mīzān maṭbakh

der Reiskocher
طاهي أَرُز
ṭāhī aruz

die Kaffeemaschine
ماكينَة قَهْوَة
mākīnat qahwah

das Küchenpapier
مَناديل مَطبَخ
manādīl maṭbakh

die Schürze
مَرْيَلَة
maryalah

das Backblech
صينيَّة خَبْز
ṣīnīyat khabz

DIE KÜCHE – المَطْبَخ

das Tablett
صِينِيَّة
ṣīnīyah

der Topfhandschuh
قُفَّاز فُرْن
quffāz furn

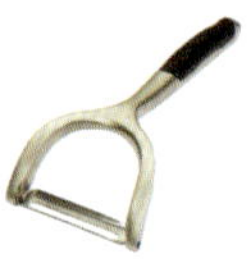

der Schäler
قَشَّارَة
qashshārah

das Schneidebrett
لَوْح تَقْطيع
lawḥ taqṭīʿ

das Küchenmesser
سِكين مَطْبَخ
sikīn maṭbakh

das Küchensieb
مِنْخَل
minkhal

der Dosenöffner
فَتَّاحَة عُلَب
fattāḥat ʿulab

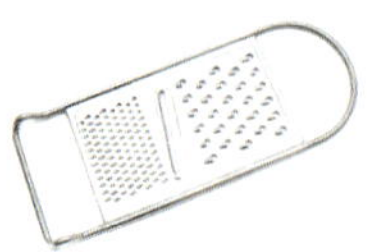

die Reibe
مِبْشَرَة
mibsharah

der Kochlöffel
مِلْعَقَة خَشَبِيَّة
milʿaqa khashabīyah

die Bratpfanne
مِقْلاة
miqlāh

der Wok
مِقْلاة ووك
miqlāt wuk

der Kochtopf
قِدْر طَهي
qidr ṭahī

DAS SCHLAFZIMMER - غُرْفَة النَّوم

das Doppelbett
سَرير مُزْدَوَج
sarīr muzdawaj

das Kopfkissen
مِخَدَّة
mikhaddah

der Kissenbezug
غِطاء مِخَدَّة
ghiṭā' mikhaddah

die Nachttischlampe
مِصْباح سَرير
miṣbāḥ sarīr

die Kommode
مَجْموعَة أَدْراج
majmū'at adrāj

die Bettdecke
غِطاء سَرير
ghiṭā' sarīr

das Laken
شَرْشَف
sharshaf

der Teppich
سِجَّادَة
sijjādah

der Hocker
مَقْعَد
maq'ad

die Matratze
فِراش
firash

der Nachttisch
طاوِلَة سَرير جانِبِيَّة
ṭāwilat sarīr jānibiyyah

DAS KINDERZIMMER - غُرْفَة الأطفال

der Ball
كُرَة
kurah

die Puppe
دُمْيَة
dumya

die Wickeltasche
حَقيبَة تَغْيير
ḥaqībat taghīr

der Kinderwagen
عَرَبَة أطْفال
ʿarabat aṭfāl

das Babyfon®
جِهاز مُراقَبَة الطِّفْل
jihāz murāqabat aṭ-ṭifl

der Laufstall
مَلْعَب بِقُضْبان مُتَنَقِّل
malʿab bi-quḍbān mu-tanaqqil

das Töpfchen
مَبْوَلَة
mabwalah

die Babytragetasche
مَهْد
mahd

der Schulranzen
حَقيبَة مَدْرَسَة
ḥaqībat madrasah

das Bauklötzchen
مُكَعَّبات
mukaʿʿabāt

der Babyschlafsack
لِحاف بِشَكْل كيس
liḥāf bishakl kīs

die Rassel
خَشْخاشَة
khashkhāshah

DAS BADEZIMMER - الحَمَّام

der Spiegel
مِرْآة
mirʾāh

das Waschbecken
حَوْض غَسْل
ḥawḍ ghasl

die Dusche
دُش
dush

das Handtuch
مِنْشَفَة يَد
minshafat yad

der Wasserhahn
حَنَفِيَّة
ḥanafiyyah

die Badewanne
حَوض اِسْتِحْمام
ḥawḍ istiḥmām

die Toilette
مِرْحاض
mirḥāḍ

der Klostein
مُنَظِّف مِرْحاض
munaẓẓif mirḥāḍ

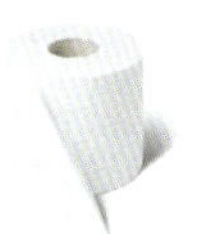

das Toilettenpapier
وَرق مِرْحاض
waraq mirḥāḍ

die Klobürste
فُرْشاة مِرْحاض
furshāt mirḥāḍ

DIE WASCHKÜCHE - غُرْفَة الغسيل

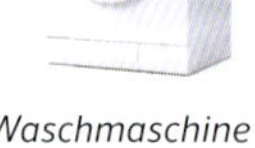

die **Waschmaschine**
غَسَّالَة
ghassālah

der **Fleckenentferner**
مُزيل بُقَع
muzīl albuqaʿ

der **Weichspüler**
مُطَرِّي غسيل
muṭrrī ghasīl

das **Bleichmittel**
مُبَيِّض
mubayyiḍ

das **Waschpulver**
مَسْحوق غسيل
masḥūq ghasīl

die **Wäscheleine**
حَبْل غسيل
ḥabl ghasīl

die **Wäscheklammer**
مِلْقَط غسيل
milqaṭ ghasīl

das **Bügeleisen**
مِكْواة
mikwāh

das **Bügelbrett**
طاوِلَة كَوي
ṭāwilat kawī

die Waschmaschine füllen	mala'a al-ghassālah	مَلأ الغَسّالَة
die Wäsche waschen	ghasala al-ghasīl	غَسَلَ الغسيل
die Wäsche schleudern	dawwara al-ghasīl fī al-ghassāla	دَوَّر الغسيل في الغَسّالَة
der Wäscheständer	manṣab ghasīl	مَنْصب غسيل
der Wäschetrockner	mujaffifat ghasīl	مُجَفِّفَة غسيل
der Schmutzwäschekorb	salat ghasīl muttasikht	سَلَّة غسيل مُتَّسِخ
die Wäsche zum Trocknen aufhängen	nashara al-ghasīl	نَشَرَ الغسيل
bügeln	kawa	كَوى

REINIGUNGSARTIKEL - أدوات التَّنْظيف

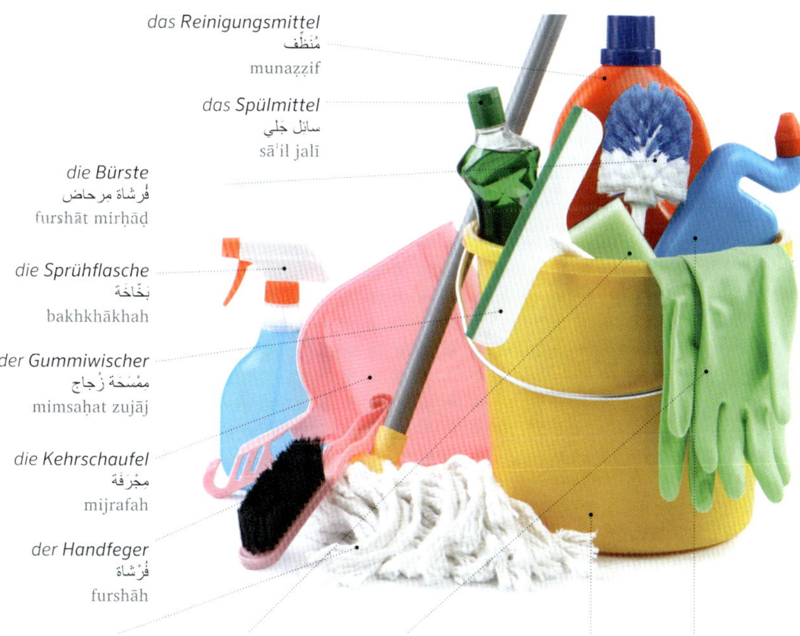

das Reinigungsmittel
مُنَظِّف
munaẓẓif

das Spülmittel
سائِل جَلي
sā'il jalī

die Bürste
فُرشاة مِرحاض
furshāt mirḥāḍ

die Sprühflasche
بَخّاخة
bakhkhākhah

der Gummiwischer
مِمْسَحَة زُجاج
mimsaḥat zujāj

die Kehrschaufel
مِجْرَفَة
mijrafah

der Handfeger
فُرْشاة
furshāh

der Wischmopp
مِمْسَحَة أَرْض
mimsaḥat arḍ

der Schwamm
إسْفَنْجَة
isfanjah

der Gummihandschuh
قُفّاز مَطاطي
quffāz maṭṭāṭī

der Eimer
دَلو
dalū

der WC-Reiniger
مُنَظِّف مِرْحاض
munaẓẓif mirḥāḍ

DIE HEIMWERKSTATT - وَرْشَة المَنْزِل

die Handsäge
مِنْشار يَدَوي
minshār yadawī

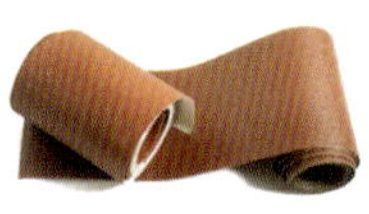

das Schleifpapier
وَرَق زُجاج
waraq zujāj

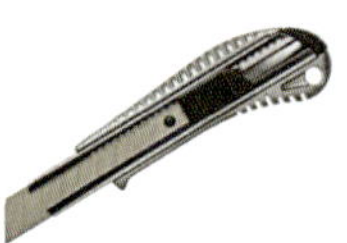

das Teppichmesser
مِشْرَط سِجّاد
mishraṭ sajjād

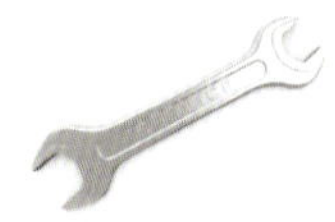

der Schraubenschlüssel
مِفْتاح بَراغي
miftāḥ barāghī

das Maßband
شَريط قِياس
sharīṭ qiyās

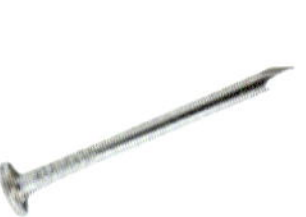

der Nagel
مِسمار
mismār

der Hammer
مِطْرَقَة
miṭraqah

die Wasserwaage
ميزان زِئْبَقي
mizān taswiya mā'ī

die Kombizange
بينْسَة
bīnsah

der Schraubenzieher
مِفَك بَراغي
mifak barāghī

die Schraube
بُرْغي
burghī

die Mutter
عَزَقَة
ʿazaqah

DIE HEIMWERKSTATT - وَرْشَة المَنْزِل

der Akkubohrer
مِثْقاب بَطّارِيَّة
mithqāb bi-baṭṭārīah

der Akku
بَطّارِيَّة
baṭṭārīyah

der Bohrer
مِثْقاب
mithqāb

der Elektrobohrer
مِثْقاب كَهْرُبائي
mithqāb kahrubāʾī

der Besen
مِكْنَسَة
miknasah

der Müllbeutel
كيس قِمامَة
kīs qumāmah

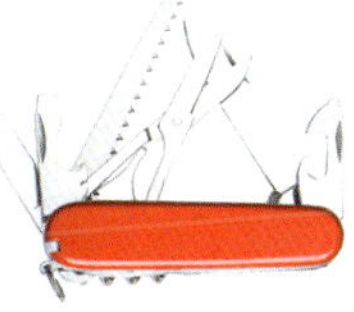

das Taschenmesser
سِكّين جَيْب
sikkīn jayb

der Inbusschlüssel
مِفْتاح مُسَدَّسي
miftāḥ musaddasī

DIE HEIMWERKSTATT - وَرْشَة المَنْزِل

das Verdünnungsmittel
مَادَّة مُمَيِّعَة
mādah mumayyiʿah

der Flachpinsel
فُرْشاة مُسَطَّحَة
furshāt musaṭṭḥah

tapezieren
أَلْصَقَ وَرَق الحائِط
alṣaqa waraq al-ḥāʾiṭ

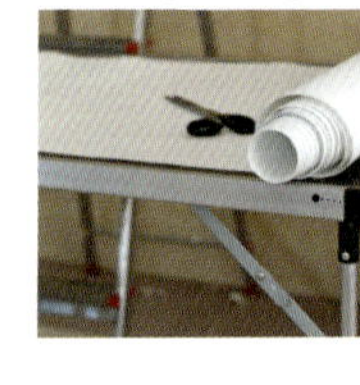

die Tapetenrolle
لُفافَة مِن وَرَق الحائِط
lufāfa min-waraq al-ḥāʾiṭ

der Tapeziertisch
طاوِلَة لَصْق وَرَق الحائِط
ṭāwilat laṣq waraq al-ḥāʾiṭ

die Farbwanne
صِينِيَّة طِلاء
ṣīnīyat ṭilāʾ

der/die Spachtel
مِكْشَطَة
mikshaṭah

das Abdeckband
شَرِيط واقي
sharīṭ wāqī

die Farbe
لَوْن
lawn

der Werkzeugkasten
صُنْدوق العُدَّة
ṣundūq adawāt al-ʿuddah

kacheln	rakaba balāṭ	رَكَّبَ بَلاط
verputzen	ṭayyana	طَيَّن
spachteln	maʿjana	مَعْجَن
die Tapete entfernen	nazaʿa waraq al-ḥāʾiṭ	نَزَعَ وَرَق الحائِط
die Abdeckfolie	ghiṭāʾ wāqī	غِطاء واقي
die Spachtelmasse	maʿjūn litaswiyat al-asṭuḥ	مَعجون لِتَسْوِيَة الأَسْطُح
das Lösungsmittel	mādda muzībah	مادَّة مُذيبَة
das Versiegelungsmittel	mādda ʿāzila	مادَّة عازِلَة

STROM UND HEIZUNG - الكَهْرُباء وَالتَّدفِئة

der Heizkörper
مِشْعاع
mishʿāʿ

die Steckdose
مِقْبس
miqbas

der Stecker
قابِس
qābis

das Verlängerungskabel
كابِل تَمْديد
kābil tamdīd

die Sicherung
مِفْتاح أَمان
miftāḥ amān

der Stromzähler
عَدّاد كَهْرُباء
ʿaddād kahrubāʾ

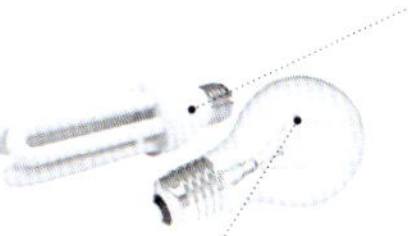

die Energiesparlampe
مِصْباح
miṣbāḥ

die Glühbirne
لَمْبَة
lambah

die Heizung anschalten/ ausschalten	fataḥa/aghlaqa al-tadfi'ah	فَتَحَ/أَغْلَقَ التَّدفِئَة
die Solarheizung	tadfi'ah bit-ṭāqah ash-shamsīyah	تَدْفِئَة بِالطّاقَة الشَّمسِيَّة
die Zentralheizung	tadfi'a markazīyah	تَدْفِئَة مَرْكَزِيَّة
die Fußbodenheizung	tadfi'ah taḥt al-balāṭ	تَدْفِئَة تَحْت البَلاط
der Sicherungskasten	ṣundūq al-mafātīḥ	صُنْدوق المَفاتيح
die Leitung	khaṭ kahrubā'ī	خَط كَهْرُبائي
der Adapter	waṣlah	وَصْلَة

der Schalter
مِفْتاح
miftāḥ

die Mehrfachsteckdose
مِقْبَس مُتَعَدِّد
miqbas mutaʿaddid

DER GARTEN - الحَديقة

der Gartenschlauch
خُرْطوم رَي
khurṭūm ray

die Rosenschere
مِقَص زُهور
miqaṣ zuhū

der Spaten
مِجْراف
mijrāf

der Rechen
مِشْط
misht

der Rasenmäher
جَزَّازَة عُشْب
jazzāt ʿushb

die Schubkarre
نَقّالَة
naqqālah

den Rasen mähen
جَزَّ العُشْب
jazza al-ʿushb

Unkraut jäten
أزال الأعْشاب الضّارَّة
azāla al-ʾaʿshāb aḍ-ḍārah

zurückschneiden
قَلَّم
qallama

düngen	sammada	سَمَّدَ
ernten	janā	جَنَى
züchten	rabbā	رَبَّى
vermehren	kaththara	كَثَّرَ
gießen	saqā	سَقَى
der Sämling	shatlah	شَتْلَة
der Dünger	samād	سَماد
der Unkrautvernichter	mubīd al-aʿshāb ad-ḍārah	مُبيد الأعْشاب الضّارَّة

STRASSE UND SCHIENE
الطرق والسِّكك الحديديَة

STRASSEN UND VERKEHR - الشَوارِع وَالمواصَلات

① *die Straßenlaterne*
مِصْباح طَريق
miṣbāḥ ṭarīq

② *die Fußgängerampel*
إشارَة مُرور لِلْمُشاة
ishārat murūr lil-mushāh

③ *der Bürgersteig*
رَصيف
raṣīf

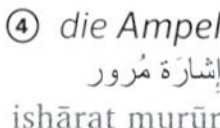

④ *die Ampel*
إشارَة مُرور
ishārat murūr

⑤ *die Fahrspur*
حارَة
ḥārah

der Tunnel
نَفَق
nafaq

der Zebrastreifen
مَعْبَر مُشاة
maʿbar mushāh

die Brücke
جِسْر
jisr

der Kreisverkehr
دَوّار
dawwār

STRASSEN UND VERKEHR - الشّوارِع وَالمواصَلات

die Autobahn
طَريق سَريع
ṭarīq sarīʿ

① *der Mittelstreifen*
حارَة وُسْطى
ḥārah wusṭa

② *die Überholspur*
حارَة تَجاوُز
ḥārah tajāwuz

③ *die Überführung*
طَريق عُلْوي
ṭarīq ʿulwī

④ *die Unterführung*
مَمَر سُفْلي
mamar suflī

⑤ *die Einfahrt*
مَدْخَل
madkhal

⑥ *die Ausfahrt*
مَخْرَج
makhraj

die Kreuzung	taqāṭuʿ	تَقاطُع
die Vorfahrt	afḍalīyat murūr	أَفْضَلِيَّة مُرور
die Geschwindigkeitsüberschreitung	tajāwuz surʿah	تَجاوُز سُرْعَة
anhalten	tawaqqafa	تَوَقَّف
der Standstreifen	ḥārah tawaqquf	حارَة تَوَقُّف
die Raststätte	istirāḥah	إِسْتِراحَة
die Entfernungstafel	lawḥat masāfāt	لَوْحَة مَسافات
rückwärtsfahren	sāqa ilāl-khalf	ساق إلى الخَلْف

der Stau
إزْدِحام
izdiḥām

STRASSEN UND VERKEHR - الشَوارِع وَالمواصَلات

Einfahrt verboten
مَمْنوع الدَّخول
mamnūʿ ad-dukhūl

das Halteverbot
مَمْنوع التَّوَقُّف
mamnūʿ at-tawaqquf

Einbiegen nach rechts verboten
مَمْنوع الاِنْعِطاف لِلْيَمين
mamnūʿ al-inʿiṭāf lil-yamīn

Einbiegen nach links verboten
مَمْنوع الاِنْعِطاف لِلْيَسار
mamnūʿ al-inʿiṭāf lil-yasār

Wenden verboten
مَمْنوع الدَّوَران
mamnūʿ ad-dawarān

die Baustelle
أَعْمال إِصْلاح
aʿmāl iṣlāḥ

der Gegenverkehr
سَيْر مُعاكِس
sayr muʿākis

das Gefälle
اِنْحِدار
inḥidār

die Schnee- oder Eisglätte
ثَلْج وَصَقيع
thalj wa ṣaqīʿ

die Geschwindigkeitsbegrenzung
تحديد السُّرْعَة
taḥdīd as-surʿah

Vorfahrt gewähren!
!ضَمان أَفْضَلِيَّة المُرور
ḍamān afḍalīyyat al-murūr!

die Einbahnstraße
شارِع بِاتِّجاه واحِد
shāriʿ bit-tijāh wāḥid

DAS AUTO - السَّيَّارَة

die Beifahrerseite
جِهَة المُرافِق
jihat al-murāfiq

das Dach
سَقْف
saqf

die Windschutzscheibe
زُجاج أَمامي
zujāj amāmī

die Fahrerseite
جِهَة السَّائِق
jihat as-sā'iq

das Blinklicht
ضَوْء غَمَّاز
ḍaw' ghammāz

der Rückspiegel
مِرْآة رُؤيَة خَلْفيَّة
mir'āt ru'yah khalfīyah

das Rad
عَجَلَة
ʿajalah

der Scheibenwischer
مَسَّاحَة زُجاج
massāḥat zujāj

das Nummernschild
لَوْحَة رَقَم السَّيَّارَة
lawḥat raqam as-sayyārah

der Kühlergrill
مُبَرِّد
mubarrid

der Nebelscheinwerfer
ضَوْء ضَباب
ḍaw' ḍabāb

die Stoßstange
مِصَدّ
miṣadd

DAS AUTO – السَّيَّارَة

① *die Motorhaube*
غِطاء مُحَرِّك
ghiṭāʾ muḥarrik

② *der Seitenspiegel*
مِرْآة جانِبِيَّة
mirʾāt jānibīyah

③ *die Autotür*
باب سَيَّارَة
bāb sayyārah

④ *die Radkappe*
غِطاء عَجَلَة
ghiṭāʾ ʿajalah

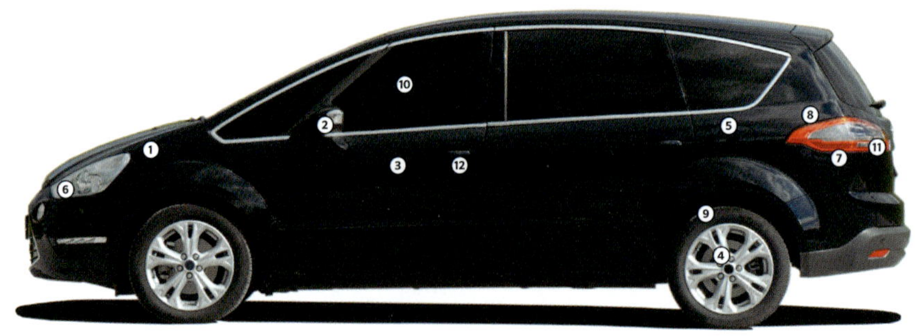

⑤ *der Kofferraum*
مَكان الأَمْتِعَة
makān al-amtiʿah

⑥ *der Scheinwerfer*
كَشَّاف
kashshāf

⑦ *die Bremsleuchte*
ضَوْء الفَرْمَلَة
ḍawʾ al-farmalah

⑧ *die Rückleuchte*
ضَوْء خَلْفي
ḍawʾ khalfī

⑨ *der Reifen*
إِطار مَطَّاطي
iṭār maṭṭāṭī

⑩ *das Seitenfenster*
نافِذَة جانِبِيَّة
nāfidhah jānibīyah

⑪ *der Rückfahrscheinwerfer*
كَشَّاف الرَّجوع لِلْخَلْف
kashshāf ar-rujūʿ lil-khalf

⑫ *der Türgriff*
مِقْبَض باب
miqbaḍ bāb

① *der Seitenspiegel*
مِرْآة جانِبيَّة
mirʾāt jānibīyah

② *das Armaturenbrett*
لَوْحَة قِيادَة
lawḥat qijādah

③ *das Handschuhfach*
صُنْدوق التابْلوه
ṣundūq at-tāblūh

④ *der Beifahrersitz*
مَقْعَد المُرافِق
maqʿad al-murāfiq

⑤ *der Schalthebel*
ذِراع تَعْشيق
dhirāʿ taʿshīq

⑥ *die Handbremse*
فَرامِل اليَد
farāmil al-yad

⑦ *der Fahrersitz*
مَقْعَدالسَّائِق
maqʿad as-sāʾiq

⑧ *das Lenkrad*
عَجَلَة قِيادَة
ʿajalat qiyādah

die Fußstütze	masnad al-qadamayn	مَسْنَد القَدَمين
das Kupplungspedal	dawwāsat dibiryāj	دَوَّاسَة دِبْرِياج
das Bremspedal	dawwāsat farāmill	دَوَّاسَة فَرامِل
das Gaspedal	dawwāsat surʿah	دَوَّاسَة سُرْعَة
der Sicherheitsgurt	ḥizām amān	حِزام أمان
die Kopfstütze	masnad raʾs	مَسْنَد رَأس
der Airbag	kīs hawāʾ	كيس هَواء
die Hupe	būq	بوق

der Blinkerhebel
ذِراع الضَّوء الغَمَّاز
dhirāʿ aḍ-ḍawʾ al-ghammāz

DAS AUTO - السَّيَّارَة

die Preisanzeige
مؤَشِّر السِّعْر
muʾashshir as-siʿr

die Literanzeige
مؤَشِّر كَمِّيَّة الوَقود
muʾashshir kammīyat al-waqūd

der Feuerlöscher
طَفَّايَة حَريق
ṭaffāyat ḥarīq

die Zapfsäule
مِضَخَّة بِنْزين
miḍakhat binzīn

das Reifenfüllgerät
جهاز نَفْخ الإطارات
jihāz nafkh al-ʾiṭārāt

tanken
عَبَأ بِنْزين
ʿabbaʾa binzīn

das Benzin
بِنْزين
binzīn

bleifrei
خالي مِن الرَّصاص
khālī min ar-raṣāṣ

der Diesel
ديزِل
dīzil

verbleit
مُحْتَوي عَلى الرَّصاص
muḥtawī ʿalā r-raṣāṣ

der Zapfschlauch
خَرْطوم تَعْبِئَة
kharūm taʿbiʾah

der Motor	muḥarrik	مُحَرِّك
der Benzintank	khazzān waqūd	خَزّان وَقود
das Getriebe	ṣandūq at-turūs	صَنْدوق التُروس
der Kühler	mubarrid khazzān māʾ	جِهاز تَبْريد
der Ventilator	mirwaḥah	مِرْوَحَة
die Batterie	baṭṭārīyah	بَطّارِيَّة
der Auspufftopf	kābiḥ ṣawt	كابِح صَوْت
das Auspuffrohr	māsūrat ʿādim	ماسورَة عادِم

DAS AUTO - السَّيَّارَة

den Reifen wechseln
عُطل بالعَجَلَة
ʿuṭul bil-ʿajalah

das Reserverad
عَجَلَة اِحْتِيَاطِيَّة
ʿajalah iḥttiyāṭīyah

der Radmutternschlüssel
مِفْتاح عَزَقات العَجَلَة
miftāḥ ʿazaqāt al-ʿajalah

die Reifenpanne
عَطَب بِالعَجَلَة
ʿaṭab bil-ʿajalah

der Verkehrsunfall	ḥādith sayyārah	حادِث سَيَّارَة
Ich habe eine Panne.	ḥadatha ʿaṭab lisayyāratī	حَدَثَ عَطَب لِسَيَّارَتي
Könnten Sie bitte den Pannendienst anrufen?	hal tastaṭīʿu al-ʾitiṣāl bi-khidmat aṣ-ṣiyānah?	هَل تَسْتَطيعُ الاِتِّصال بِخِدْمَة الصِّيانَة؟
Der Motor springt nicht an.	muḥarrik as-sayyārah lā yaʿmal.	مُحَرِّك السَّيارَة لا يَعْمَل.
das Starthilfekabel	kabl musāʿadat tashghīl	كَبْل مُساعَدَة تَشْغيل
Könnten Sie mir Starthilfe geben?	hal tastaṭīʿu an tuʿṭīnī musāʿadah tashghīl?	هَلْ تَسْتَطيعُ أَنْ تُعْطيني مُساعَدَة تَشْغيل؟
der Ersatzreifen	ʿajalah badīlah	عَجَلَة بَديلَة
Könnten Sie mir beim Reifenwechseln helfen?	hal yumkin an tusāʿidunī fī taghyir al-ʿajalah?	هَل تَسْتَطيع مُساعَدَتي في تَغْيير العَجَلَة؟

DER BUS - الحافِلَة

der Reisebus
حافِلَة سَفَر
ḥāfilat safar

der Gepäckraum
مَخْزَن الأَمْتِعَة
makhzan al-amtiʿah

die Bushaltestelle
مَوْقِف حافِلَة
mawqif ḥāfilah

das Wartehäuschen
مأوى الحافِلات
maʾwā al-ḥāfilāt

der Fahrplan
جَدْوَل المَواعيد
jadwal al-mawāʿīd

der Halteknopf
زِر
zir

die Halteschlaufe
شَريطَة تَمَسُّك
sharīṭat tamassuk

der Schulbus
حافِلَة مَدْرَسيَّة
ḥāfilah madrasīyah

der Niederflurbus	ḥāfilah dhāt arḍīyah munkhafiḍah	حافِلَة ذات أَرْضيَّة مُنْخَفِضة
der Busbahnhof	maḥaṭṭat ḥāfilāt	مَحَطَّة حافِلات
der Linienbus	ḥāfilat naql	حافِلَة نَقْل
der Kleinbus	ḥāfilah ṣaghīrah	حافِلَة صَغيرَة
die Monatskarte	tadhkirah shahrīyah	تَذْكِرَة شَهْريَّة
der Fahrpreis	ujrat rukūb al-ḥāfilah	أُجْرَة رُكوب الحافِلَة
die Fahrkarte	tadhkirat rukūb al-ḥāfilah	تَذْكِرَة رُكوب الحافِلَة
der Fahrkartenautomat	jihāz tadhākir ālī	جِهاز تَذاكِر آلي

DAS FAHRRAD - الدَّراجَة الهَوائِيَّة

der Sattel
سَرْج
sarj

der Lenker
مِقْوَد
miqwad

das Vorderrad
عَجَلَة أَمامِيَّة
ʿajalah amāmīyah

der Reifen
إطار عَجَلَة مَطّاطي
iṭār ʿajalah maṭṭāṭī

das Hinterrad
عَجَلَة خَلْفِيَّة
ʿajalah khalfīyah

die Kette
سِلْسِلَة
silsilah

das Pedal
دَوّاسَة
dawāsah

die Speiche
شُعاع
shuʿāʿ

der Schalthebel	dhirāʿ taghyyir at-taʿshīq	ذِراع تَغْيير التَّعشيق
der Bremshebel	dhirāʿ al-farāmil	ذِراع الفَرامِل
die Luftpumpe	miḍakhkhat hawāʾ	مِضَخَّة هَواء
der Fahrradhelm	khūdhat darrājah	خوذَة دَرّاجَة
bremsen	farmala	فَرْمَلَ
einen Fahrradschlauch flicken	raqqaʿa al-iṭār ad-dākhilī	رَقَّعَ الإطار الدّاخِلي

das Fahrradschloss
قِفْل دَرّاجَة
qifl darrājah

DER ZUG - القِطار

der Zug
راطِق
qiṭār

der Bahnsteig
رَصيف
raṣīf

einsteigen
رَكِبَ
rakiba

aussteigen
نَزَلَ
nazala

die Gleisnummer
رَقْم الرَّصيف
raqm ar-raṣīf

die Rolltreppe
دَرَج مُتَحَرِّك
daraj mutaḥarrik

die U-Bahn
قِطار أنْفاق
qiṭār anfāq

die Verspätung	ta'khīr	تَأْخير
pünktlich	fīl-waqt al-muḥaddad	في الوَقْت المُحَدَّد
umsteigen	ghayyara	غَيَّرَ
die Straßenbahn	tirām	تِرام
die Sitzplatzreservierung	ḥajz maqʿad	حَجْز مَقْعَد
Eine einfache Fahrt nach ..., bitte.	tadhkirat dhahāb ilā ...,min faḍlik.	تَذْكِرَة ذَهاب إلى...،مِن فَضْلِك.
hin und zurück	dhahāb wa iyāb	ذَهاب وَإياب
Ist dieser Platz noch frei?	hal hadhāl-makān fārigh?	هَل هَذا المَكان فارِغ؟

ESSEN UND TRINKEN

الأكل والشُّرب

TIERISCHE PRODUKTE - مُنْتَجات حَيَوانِيَّة

das Lammfleisch
لَحْم غَنَم
laḥm ghanam

das Rindfleisch
لَحْم بَقَر
laḥm baqar

das Schweinefleisch
لَحْم خِنْزير
laḥm khinzīr

das Hähnchen
دَجاجَة
dajājah

die Forelle
سَلَمون مُرَقَّط
salamūn muraqqaṭ

der Tunfisch
تونة
ṭūna

der Lachs
سَلَمون
salamūn

das Fischsteak
شَريحَة سَمَك
sharīḥat samak

die Garnele
جَمْبَري
jambarī

der Hummer
جَراد البَحْر
jarād al-baḥr

der Krebs
سَرَطان
saraṭān

die Miesmuschel
بَلَح البَحْر
balaḥ al-baḥr

TIERISCHE PRODUKTE - مُنْتَجات حَيَوانِيَّة

das Hühnerei
بَيْضَة دَجاجَة
bayḍat dajājah

das Eigelb
صَفار بَيْض
ṣafār bayḍ

das Eiweiß
بَياض بَيْض
bayāḍ bayḍ

die Butter
زُبْدَة
zubdah

die Sahne
قِشْدَة
qishdah

die Milch
حَليب
ḥalīb

der Käse
جُبْنَة
jubnah

der Quark
لَبَن
laban

der Joghurt
لَبَن
laban

GEMÜSE - خُضار

die Zwiebel
بَصَل
baṣal

das Radieschen
فِجْل
fijl

die Frühlingszwiebel
بَصَل أَخْضَر
baṣal akhḍar

der Lauch
كُرَّاث
kurāth

die Süßkartoffel
بَطاطا حُلْوَة
baṭāṭā ḥulwah

die Karotte
جَزَر
jazar

der Knoblauch
ثوم
thūm

die Kartoffel
بَطاطا
baṭāṭā

die Rote Bete
شَوَنْدَر
shawandar

die rote Zwiebel
بَصَل أَحْمَر
baṣal aḥmar

die Pastinake
فِجْل أَبْيَض
fijl abyaḍ

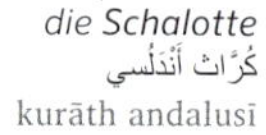

die Schalotte
كُرَّاث أَنْدَلُسي
kurāth andalusī

die Rübe
لِفْت
lift

GEMÜSE - خُضار

der *Kopfsalat*
خَس اَفْرَنْجي
khas afranjī

der *Eisbergsalat*
خَس ايزْبير غ
khas īzbyrgh

der/die *Chicorée*
هِنْدِباء
hindibā'

der *Spinat*
سَبانِخ
sabānikh

der *Wirsing*
كُرُنْب مَلْفوف
kurunb malfūf

der *Brokkoli*
بروكولي
brūkūlī

der *Rotkohl*
مَلْفوف أَحْمَر
malfūf aḥmar

der *Weißkohl*
مَلْفوف
malfūf

der *Blumenkohl*
زَهْرَة
zahrah

der *Rosenkohl*
كُرُنْب بروكْسل
kurunb brūksl

GEMÜSE - خُضار

der/die Paprika
فُلَيْفُلَة
fulayfulah

die Zucchini
كوسا
kūsā

die Aubergine
باذِنْجان
bādhinjān

die Tomate
طَماطِم
ṭamāṭim

die Okraschote
بامِيَة
bāmyah

die Chilischote
فُلْفُل حار
fulful ḥār

der Mais
ذُرَة
dhurah

die grüne Bohne
فاصولْياء خَضْراء
fāṣūlyā' khaḍrā'

die Tellerlinse
عَدَس بُنِّي
ʿadas bunnī

schälen	qashshara	قَشَّرَ
schneiden	qaṭṭaʿa	قَطَّعَ
roh	nayī'	نَيِّئ
gekocht	maṭbūkh	مَطْبوخ
gegart	maṭhū	مَطْهو
das Püree	harsa	هَرْسة
püriert	mahrūs	مَهْروس
braten	ḥammara	حَمَّرَ

OBST - فاكِهَة

die Erdbeere
فَراوْلَة
farāwlah

die Himbeere
توت أَحْمَر
tūt aḥmar

die Brombeere
توت أَسْوَد
tūt aswad

die Heidelbeere
عِنَب أَحْراش
ʿinab aḥrāsh

die Weintraube
عِنَب
ʿinab

die Kirsche
كَرَز
karaz

der Apfel
تُفاح
tufāḥ

die Aprikose
مِشْمِش
mishmish

der Pfirsich
دُرَّاق
durrāq

die Nektarine
دُرَّاق أَمْلَس
durrāq amlas

die Pflaume
خَوخ
khawkh

die Birne
إجاص
ijāṣ

OBST – فاكِهَة

die Grapefruit
كْريْب فْروْت
kryb frūt
die Orange
بُرْتُقال
burtuqāl
die Zitrone
لَيمون
laymūn
die Banane
مَوز
mawz
die Limette
لَيْمون أَخْضَر
laymūn akhḍar
geschält
مُقَشَّر
muqashshar
die Clementine
كَرَمَنْتينَة
karamantīna
die Wassermelone
بَطيخ أَحْمَر
baṭṭīkh aḥmar
der Schnitz
حُز
ḥuz
die Schale
قِشْرَة
qishrah
die Zuckermelone
شَمَّام
shammām
die Honigmelone
شَمام عَسَلي
shammām ʿasalī

WÜRZMITTEL UND SOSSEN - تَوابِل وصَلْصات

der Essig
خَل
khal

das Olivenöl
زَيْت زَيْتون
zayt zaytūn

der Pfeffer
فُلْفُل
fulful

das Salz
مِلْح
milḥ

die Pfeffermühle
طاحونَة فُلْفُل
ṭāḥūnat fulful

der/das Ketchup
كَتْشَب
katshab

der Senf
خَرْدَل
khardal

die Mayonnaise
مايونيز
māyūnīz

die Sojasoße
صَلْصَة صَويا
ṣalṣat ṣūyā

BROT - خُبْز

das Weizenmehl
دَقيق أَبْيَض
daqīq abyaḍ

das Croissant
كرواسان
kruwassān

das/die Baguette
خُبْز بكيت
khubz bakīt

das Weißbrot
خُبْز أَبْيَض
khubz abyaḍ

das Vollkornbrot
خُبْز مِن حُبوب كامِلَة
khubz min ḥubūb kāmilah

das Fladenbrot
خُبْز عَرَبي
khubz ʿarabī

die Tortilla
خُبْز تورتيلا
khubz tūrtīlā

das Brötchen
خُبز سَنْدويش صَغير
khubz sandwīsh ṣaghīr

der Bagel
خُبْز عِبْري
khubz ʿibrī

das belegte Brötchen
سَنْدويش صَغير
sandwīsh ṣaghīr

die Scheibe
شَريحَة
sharīḥah

das Sandwich
سَنْدويش
sandwīsh

GETRÄNKE - المَشْروبات

das Wasser
ماء
mā'

der Orangensaft
عَصير بُرْتُقال
ʿṣīr burtuqāl

die Cola
كولا
kulā

das Bier
بيرَة
bīrah

der Rotwein
نَبيذ أَحْمَر
nabīdh aḥmar

der Weißwein
نَبيذ أَبْيَض
nabīdh abyaḍ

der Kräutertee
شاي أَعْشاب
shāy aʿshāb

der Kaffee
قَهْوَة
qahwah

der Kaffee zum Mitnehmen
قَهْوَة عالماشي
qahwah ʿālmāshī

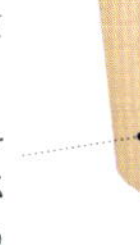

der Becher
كوب
kūb

der Deckel
غِطاء
ghiṭā'

der Teebeutel
ظَرْف شاي
ẓarf shāy

die Teeblätter
أَوْراق شاي
awrāq shāy

DAS FASTFOOD – المَأكولات السَّريعَة

die Chips
شيبْس
shībs

der Schokoriegel
إصْبَع شوكولاتَة
iṣbᶜ shūkūlātah

der Hamburger
هَمْبُرْغَر
hamburghar

die Pommes frites
بَطاطا مَقْلِيَّة
baṭāṭā maqlīyah

die Pizza
بيتْزا
bītzā

der Taco
تاكو
tākū

die gebratenen Nudeln
مَعْكَرونَة مَقْلِيَّة
maᶜkarūnah maqlīyah

das Sushi
سُوشي
sūshī

das Nugget
قِطَع دَجاج مَقْلِيَّة
qiṭaᶜ dajāj maqlīyah

Ich würde gerne etwas zum Mitnehmen bestellen.	urīd an aṭluba ṭaᶜāman lil-akl fil-manzil, min faḍlik.	أُريدُ أنْ أطْلُبَ طَعاماً لِلأكْل في المَنْزِل، مِن فَضْلِك
klein/mittelgroß/groß	ṣaghīr/mutawassiṭ/kabīr	صَغير/مُتَوَسِّط/كَبير
süß	ḥulū	حُلو
salzig	māliḥ	مالِح
der Lieferservice	khidmat tawaṣīl	خِدْمَة تَوصيل
bestellen	ṭalaba	طَلَبَ
liefern	waṣṣala	وَصَّلَ

GESCHIRR UND BESTECK - الأواني وأدَوات المائدة

die Suppe
حِساء
ḥisāʾ

der Eintopf
طَعام مَطْهو بِالمَرَق
taʿām maṭhū bil-maraq

der Salat
سَلَطَة
salaṭah

das Stäbchen
أَعْواد الطَعام
aʿwad taʿām

die Serviette
مِنْديل مائِدَة
mindīl māʾidah

die Gabel
شَوكَة
shawkah

die Tischdecke
غِطاء مائِدَة
ghiṭāʾ māʾidah

der Essteller
صَحْن
ṣaḥn

das Wasserglas
كَأس ماء
ka's māʾ

das Weinglas
كَأس نَبيذ
ka's nābīz

der Dessertlöffel
مِلْعَقَة حَلْوى
milʿaqat ḥalwā

der Suppenlöffel
مِلْعَقَة حِساء
milʿaqat ḥisāʾ

das Messer
سِكّين
sikkīn

DIE ERNÄHRUNG - التَّغْذِيَة

das Fett
دُهْن
duhn

der Zucker
سُكَّر
sukkar

vegetarisch
نَباتِي
nabatī

vegan
نَباتِي صَرْف
nabatī ṣarf

ohne Eier
خالي مِن البَيْض
khālī min al-bayḍ

zuckerfrei
خالي مِن السُّكَّر
khālī min as-sukkar

glutenfrei
خالي مِن الغلوتين
khālī min al-ghlūtīn

laktosefrei
خالي مِن اللَّاكْتوز
khālī min al-laktūz

die Diät
حِمْيَة
ḥimyah

die Lebensmittelintoleranz	ḥasāsīyah min al-aṭʿimah	حَساسِيَّة مِن الأَطْعِمَة
die Fruktose	sukkar al-fākihah	سُكَّر الفاكِهَة
die Glukose	sukkar al-ʿinab	سُكَّر العِنَب
das Natrium	sudyum	صودْيوم
die Kalorien	suʿrāt ḥarārīyah	سُعْرات حَرارِيَّة
der Geschmacksverstärker	muqawiyāt an-nakhah	مُقَوِيات النَّكْهَة
die gesunde Ernährung	taghthīyah ṣiḥīyah	تَغْذِيَة صِحِّيَّة
fasten	ṣāma	صامَ

DER SUPERMARKT - السوبَر ماركِيت

der Kassierer
أَمين صُنْدوق
amīn ṣundūq

die Kundin
زَبونَة
zabūnah

die Ware
بِضاعَة
biḍāʿah

das Warentransportband
شَريط تَسيير البَضائع
sharīṭ tasyyir al baḍāʾiʿ

das Warenregal
رَف بَضائِع
raf baḍāʾiʿ

der Einkaufswagen
عَرَبَة تَسَوُّق
ʿarabat tasawwuq

die Kasse
صُنْدوق مُحاسَبَة
ṣundūq muḥasābah

der Scanner
جِهاز مَسح
jihāz masḥ

der Einkaufskorb
سَلَّة
sallah

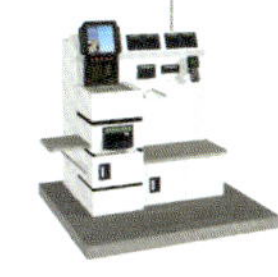

die Selbstbedienungskasse
صُنْدوق مُحاسَبَة ذاتي
ṣundūq muḥasābah dhātī

der Strichcode
شيفْرَة خَيْطيَّة
shīfrah khayṭīyah

das Sonderangebot
عَرْض خاص
ʿarḍ khāṣ

DER SUPERMARKT – السوبَر مارکِيت

das Obst und Gemüse
خُضار وَفواكِه
khuḍār wa fawākih

das Kühlregal
رَف بَرَّاد
raf barrād

die Milchprodukte
مُنْتَجات أَلْبان
muntajāt albān

die Tiefkühlkost
أَغْذيَّة
aghdhiyah

die Backwaren
مُنْتَجات مَخْبَز
muntajāt makhbaz

das Fleisch und Geflügel
لُحوم وَدَواجِن
luḥūm wa dawājin

die Konserven
مُعَلَّبات
muʿallabāt

die Feinkost
مأكولات فاخِرَة
maʾkūlāt fākhirah

die Fischtheke
طاوِلَة بَيْع سَمَك
ṭāwilat bayʿ samak

die Frühstücksflocken
رَقائِق إِفْطار
raqāʾiq ifṭār

die Babyartikel
مُسْتَلْزَمات رُضَّع
mustalzamāt ruḍḍaʿ

der Kassenzettel
فاتورَة
fātūrah

GESUNDHEIT UND KÖRPERPFLEGE

الصّحّة والعناية بالجسد

DER KÖRPER – الجِسْم

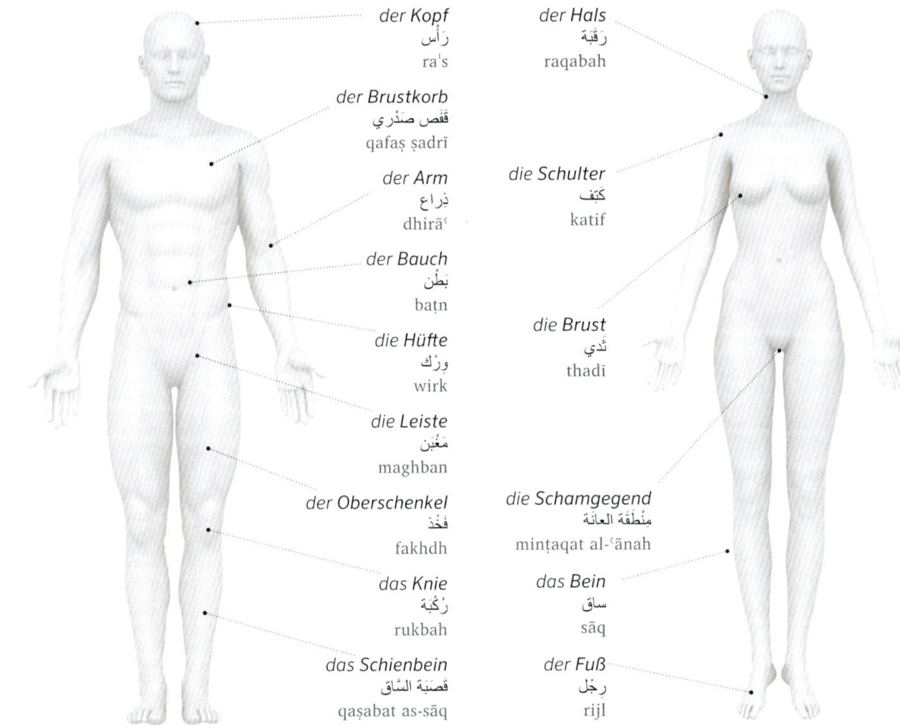

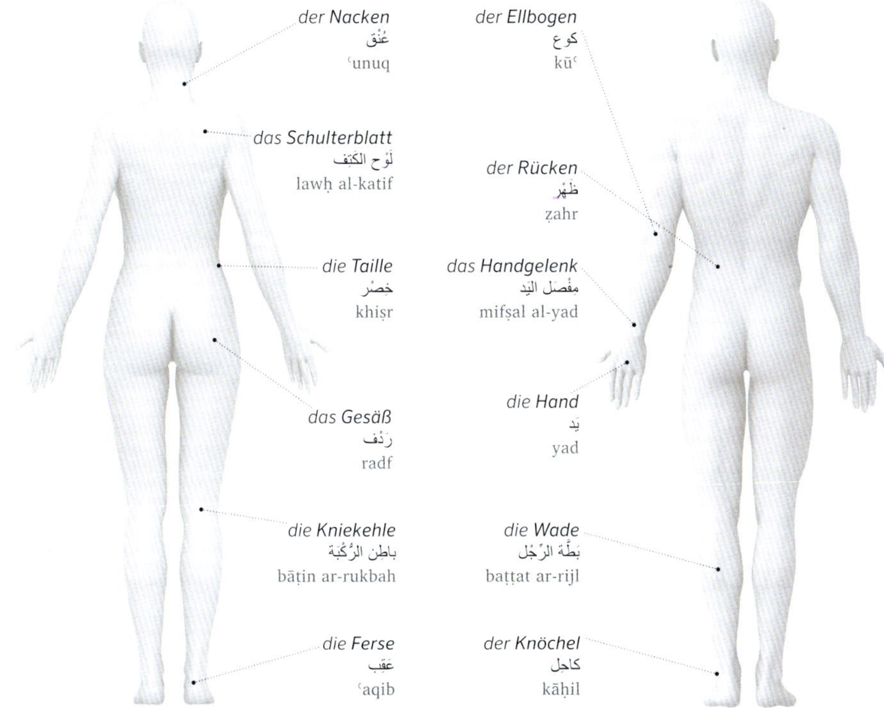

der Nacken
عُنْق
ʿunuq
das Schulterblatt
لَوْح الكَتِف
lawḥ al-katif
die Taille
خِصْر
khiṣr
das Gesäß
رَدْف
radf
die Kniekehle
باطِن الرُّكْبَة
bāṭin ar-rukbah
die Ferse
عَقِب
ʿaqib
der Ellbogen
كوع
kūʿ
der Rücken
ظَهْر
ẓahr
das Handgelenk
مِفْصَل اليَد
mifṣal al-yad
die Hand
يَد
yad
die Wade
بَطَّة الرِّجْل
baṭṭat ar-rijl
der Knöchel
كاحِل
kāḥil

DIE HAND UND DER FUSS - اليَد والقَدَم

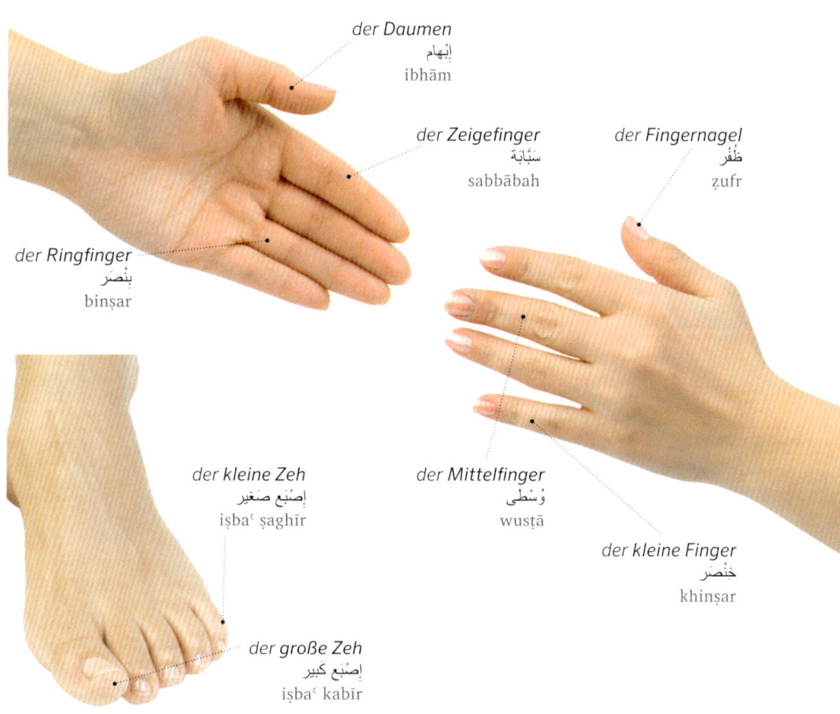

DAS GESICHT - الوَجْه

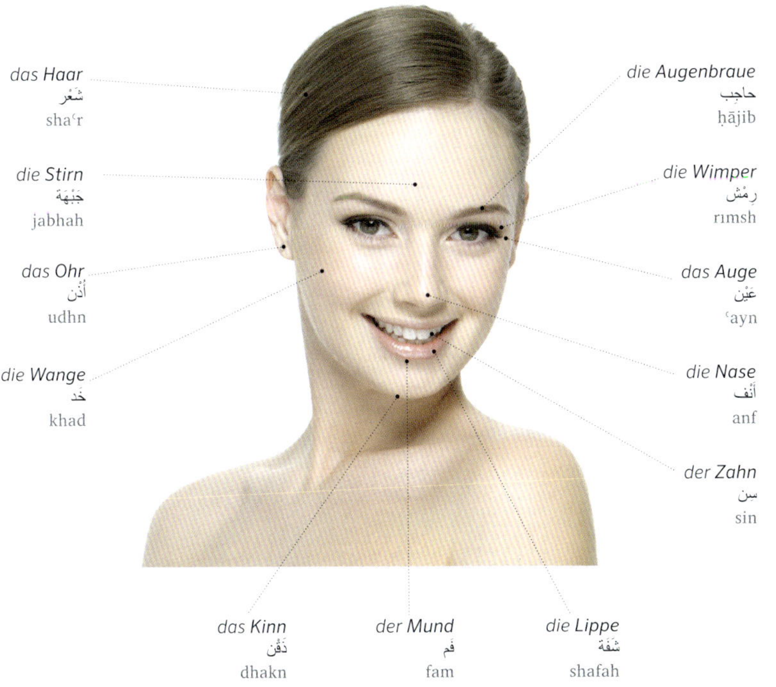

DIE INNEREN ORGANE - الأعْضاء الدَّاخِلِيَّة

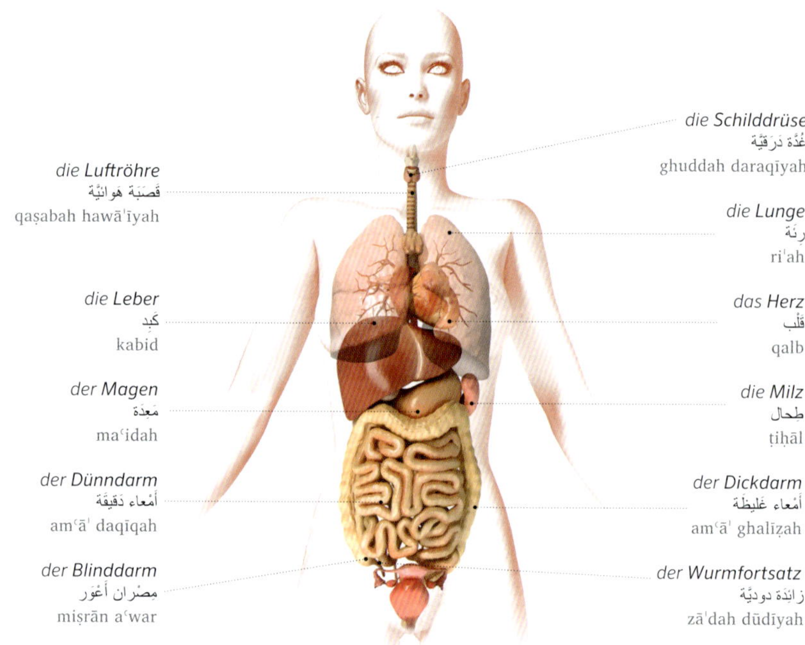

SCHWANGERSCHAFT UND GEBURT - الحَمْل والوِلادَة

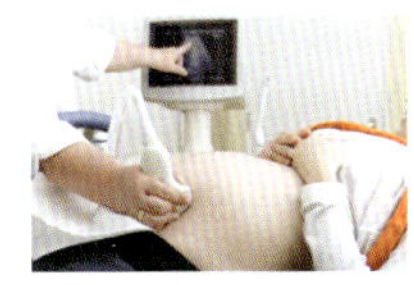

die Ultraschallaufnahme
صورَة بِالمَوجات فَوْق الصَّوْتيَّة
ṣūrah bil-mawjāt fawq aṣ-ṣawtīyah

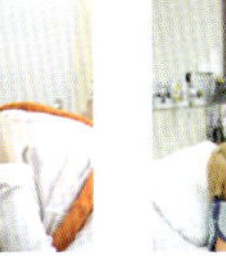

die Ultraschalluntersuchung
تَصْوير بِالمَوجات فَوْق الصَّوْتيَّة
taṣwīr bil-mawjāt fawq aṣ-ṣawtīyah

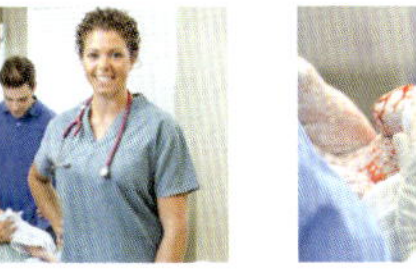

die Hebamme
قابِلَة
qābilah

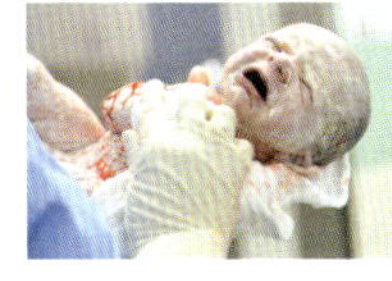

die Geburt
وِلادَة
wilādah

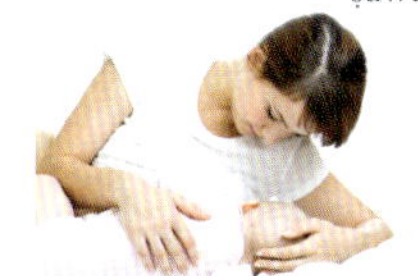

der Schwangerschaftstest
فَحْص حَمْل
faḥṣ ḥaml

stillen
أَرْضَعَت
arḍaʿat

das Fläschchen
زُجاجَة رِضاعَة
zujājat riḍāʿah

das Milchpulver
حَليب بودْرَة
ḥalīb budrah

schwanger	ḥāmil	حامِل
die Wehen	ṭalq	طَلْق
die Geburt einleiten	ḥaraḍa al-makhāḍ bi-ṭalq ṣināʿī	حَرَضَ المَخاض بِطَلْق صِناعي
pressen	ḍaghaṭa	ضَغَطَ
die Nabelschnur	ḥabl as-surah	حَبْل السُّرَّة
die Plazenta	mashīmah	مَشيمَة
das Fruchtwasser	sā'il manawī	سائِل سَلَوي
die Fruchtblase	kīs salawī	كيس سَلَوي

DER ARZTBESUCH - زِيارَة الطَّبيب

das Rezept
وَصْفَة
waṣfah

das Wartezimmer
غُرْفَة اِنْتِظار
ghurfat intiẓār

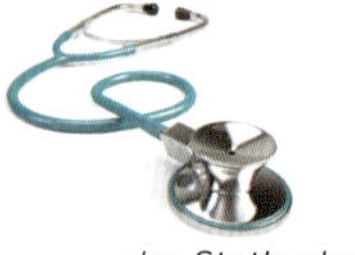

das Stethoskop
سَمّاعَة
sammāʿah

den Blutdruck messen
قاسَ ضَغْط الدَّم
qāsa ḍaghṭ ad-dam

die Ärztin
طَبيبَة
ṭabībah

die Patientin
مَريضَة
marīḍah

die Sprechstunde	mawāʿīd al-ʿiyādah	مَواعيد العِيادَة
jemandem Blut abnehmen	akhdha minhu/minhā daman	أَخَذَ مِنْهُ/ مِنْها دَماً
der Termin	mawʿid	مَوْعِد
die Behandlung	muʿālajah	مُعالَجَة
die Diagnose	tashkhīṣ	تَشْخيص
die Überweisung	taḥwīl	تَحْويل
die Ergebnisse	natāʾij	نَتائِج
die Krankenkasse	taʾmīn ṣiḥḥī	تَأْمين صِحّي

SYMPTOME UND KRANKHEITEN - الأعْراض وَالأمْراض

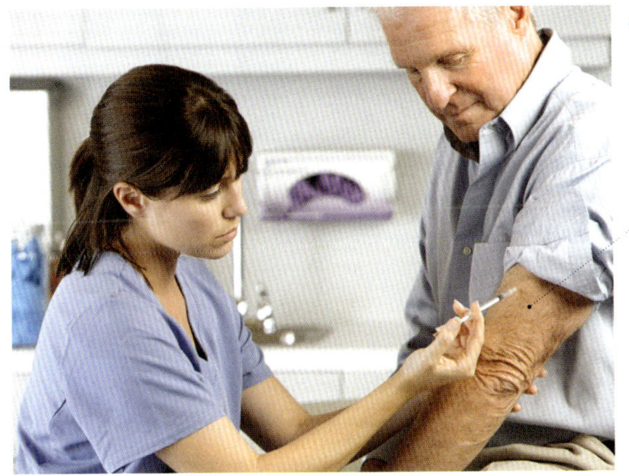

jemandem eine Spritze geben
أعْطى إبْرَة
aʿṭā ibrah

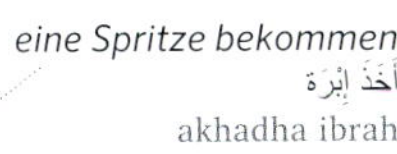

eine Spritze bekommen
أخَذَ إبْرَة
akhadha ibrah

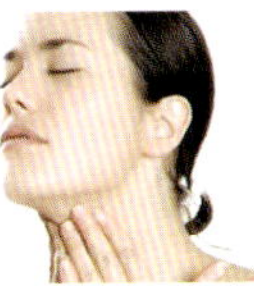

die Halsschmerzen
ألَم الحَلْق
alam al-ḥalq

das Virus	fayrūs	فَيْروس
der Infekt	ʿadwā	عَدْوى
die Allergie	ḥasāsīyah	حَساسِيَّة
der Hautausschlag	ṭafaḥ jildī	طَفَح جِلْدي
der Durchfall	ishāl	إسْهال
der Schwindel	duwār	دُوَار
die Übelkeit	ghathayān	غَثَيان
die Bronchitis	iltihāb qaṣabāt	اِلْتِهاب قَصَبات

die Kopfschmerzen
صُداع
ṣudāʿ

die Magenschmerzen
ألَم في المَعِدَة
alam fī al-maʿidah

SYMPTOME UND KRANKHEITEN - الأَعْراض وَ الأَمْراض

krank
مَريض
marīḍ

gesund
مُعافى
muʿāfā

der Schnupfen
رَشْح
rashḥ

der Husten
سُعال
suʿāl

die Erkältung
زُكام
zukām

die Grippe
إِنْفْلَوَنْزا
infulwanzā

das Niesen
عُطاس
ʿuṭās

das Fieber
حُمَّى
ḥummā

der Heuschnupfen
حَساسيَّة الأَنْف
ḥasāsīyat al-anf

der hohe/niedrige Blutdruck
ضَغْط دَم مُرْتَفِع/مُنْخَفِض
ḍaghṭ dam murtafiʿ/ munkhafiḍ

das Asthma
رَبو
rabū

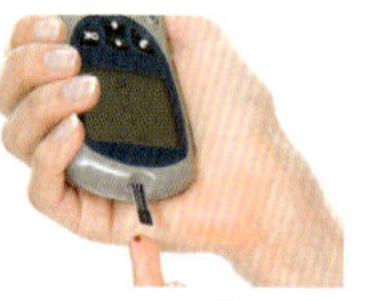

der Diabetes
داء السُكَّري
dāʾ as-sukarī

BEHINDERUNGEN - الإِعاقات

der Rollstuhl
كُرْسي مُتَحَرِّك
kursī mutaḥarrik

der Schiebegriff
مِقْبَض دَفْع
miqbaḍ dafʿ

die Armlehne
مَسْنَد ذِراع
masnad dhirāʿ

der Greifreifen
عَجَلات تَحْريك الكُرسي
ʿajalāt taḥrīk al-kursī

die Fußstütze
مَسْنَد قَدَم
masnad qadam

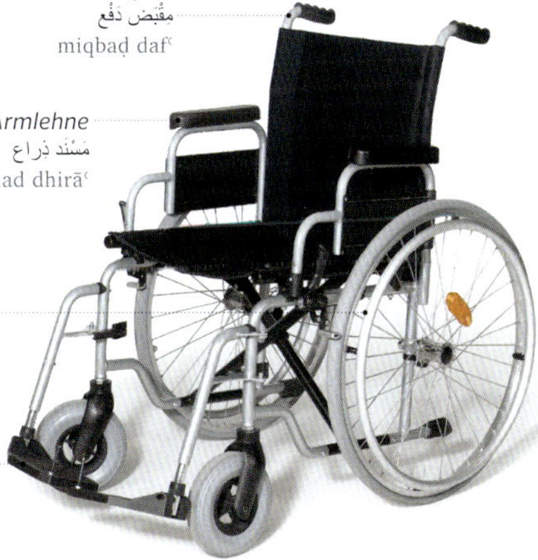

der Rollator
مُساعِد لِلمَشي
musāʿid lil-mashī

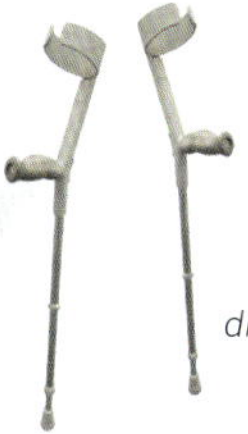

die Krücke
عُكّاز
ʿukkāz

der Blindenstock
عَصا المَكْوفين
ʿaṣā al-makfūfīn

der Blindenhund
كَلْب مُرافَقَة المَكْفوفين
kalb murāfaqat al-makfūfīn

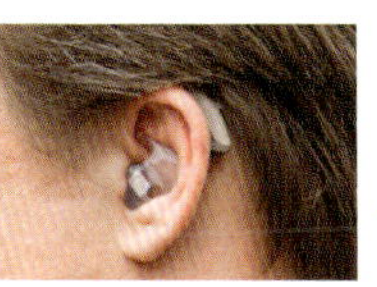

das Hörgerät
سَمّاعَة أُذْن
sammāʿat udhun

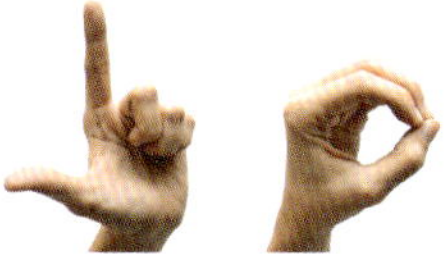

die Gebärdensprache
لُغة الإِشارَة
lughat al-ishārah

VERLETZUNGEN - الإصابات

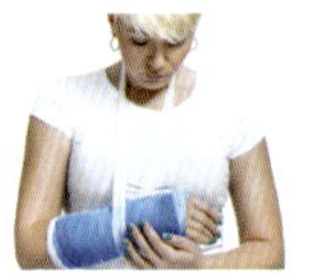

der Knochenbruch
كَسْر
kasr

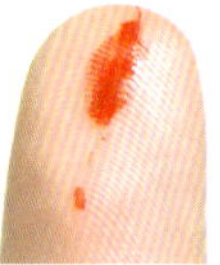

die Schnittwunde
جُرْح
jurḥ

der Insektenstich
لَدْغَة حَشَرَة
ladghat ḥasharah

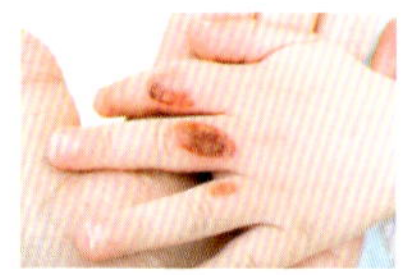

die Verbrennung
اِحْتِراق
iḥtirāq

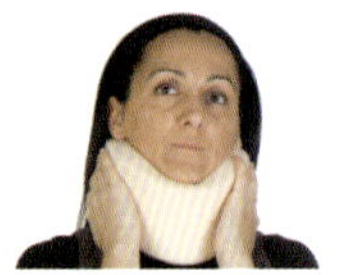

das Schleudertrauma
اِلْتِواء الرَّقَبَة
iltiwā' ar-raqabah

der Bandscheibenvorfall
اِنْزِلاق غُضْروفي
inzilāq ghuḍrūfī

die Blase
فُقاعَة جِلْدِيَّة
fuqāʿah jildīyah

in Ohnmacht fallen
أُغْمِيَ عَلَيْه
ughmiya ʿalayh

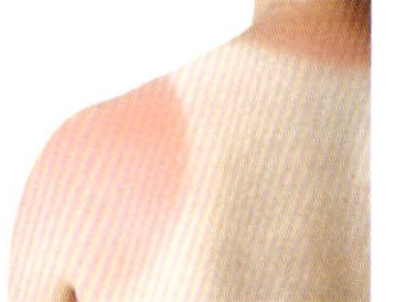

der Sonnenbrand
لَفْحَة شَمْس
lafḥat shams

die Wunde	jurḥ	جُرْح
das Blut	dam	دَم
bluten	nazafa	نَزَف
die Blutung	nazīf	نَزيف
die Gehirnerschütterung	irtijāj dimāgh	اِرْتِجاج دِماغ
sich den Arm/ einen Wirbel ausrenken	malakh dhiraʿahu/ʿamūdahu al-faqarī	مَلَخَ ذِراعَهُ/ عَمودَهُ الفَقَري
sich den Fuß verstauchen/brechen	lawā/kasara rijlah	لَوى/كَسَرَ رِجْلَه

VERLETZUNGEN - الإصابات

das Verbandszeug
عِدَّة التَّضْميد
ʿiddat at-tadmīd

der Verband
ضِمادَة
ḍimādah

das Leukoplast®
لاصِق طِبِّي
lāṣiq ṭibbī

das Pflaster
بلاسْتَر
blāstar

die Verbandschere
مِقَص تَضْميد
miqaṣ taḍmīd

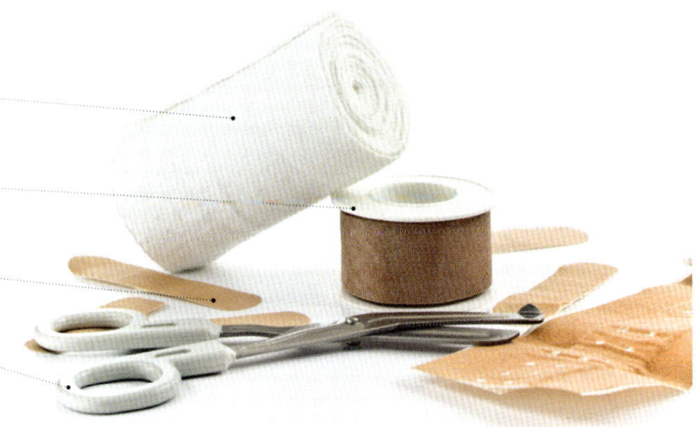

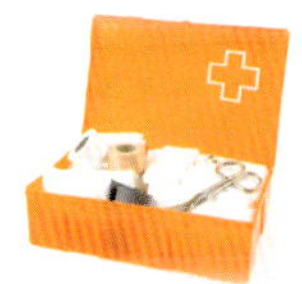

der Erste-Hilfe-Kasten
صُنْدوق إسْعافات أَوَّلِيَّة
ṣundūq isʿāfātt awwalīyah

das Desinfektionsmittel
مُطَهِّر
muṭahhir

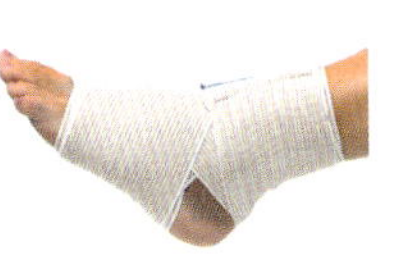

die Bandage
ضِمادَة
ḍimādah

die Mullbinde
شاش طِبِّي
shāsh ṭibbī

DIE APOTHEKE - الصَّيْدَلِيَّة

das Medikament
دَواء
dawāʾ

die Kapsel
كَبْسولَة
kabsūlah

der Hustensaft
شَراب سُعال
sharāb suʿāl

die Sichtverpackung
تَغْليف شَفَّاف
taghlīf shaffāf

die Tablette
حَبَّة
ḥabah

die Dosierung
جُرعَة
jurʿah

der Messbecher
كأس قِياس
kaʾs qiās

die Salbe
مَرْهَم
marham

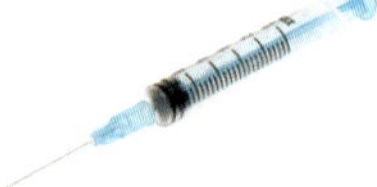

die Spritze
إبْرَة
ibrah

die Tropfen
قَطْرَة
qaṭrah

die Brausetablette
قُرْص فَوَّار
qurṣ fawwār

das **Sonnenschutzmittel**
واقي مِن الشَّمْس
wāqī min ash-shams

das **Feuchttuch**
مِنْديل مُبَلَّل
mindīl muballal

das/der **Fieber-thermometer**
مِقْياس حَرارَة
miqyās ḥarārah

das/der **Hustenbonbon**
سَكاكِر خاصَّة بالسُّعال
sakākir khāṣah bis-suʿāl

die **Slipeinlage**
فوطَة نِسائيَّة
fūṭah nisāīyah

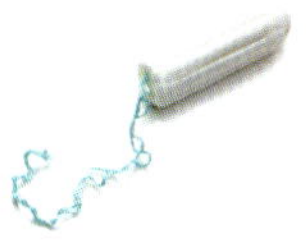

der **Tampon**
تامبون
tāmbūn

der **Ohrstöpsel**
سَدَّادات أُذُن
saddadāt udhun

das **Deodorant**
مُزيل رائِحَة العَرَق
muzīl rāʾḥat al-ʿaraq

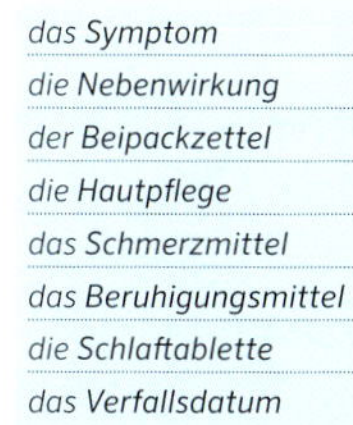

das **Symptom**	ʿaraḍ	عَرَض
die **Nebenwirkung**	aʿrāḍ jānibīyah	أعْراض جانِبيَّة
der **Beipackzettel**	nashrah	نَشْرَة
die **Hautpflege**	ʿināyah bil-basharah	عِنايَة بِالبَشَرَة
das **Schmerzmittel**	musakkin alam	مُسَكِّن أَلَم
das **Beruhigungsmittel**	muhaddiʾ	مُهَدِّئ
die **Schlaftablette**	ḥabbah munawwimah	حَبَّة مُنَوِّمَة
das **Verfallsdatum**	tārīkh intihāʾ ṣalāḥīyah	تاريخ اِنْتِهاء صَلاحيَّة

die **Nagelfeile**
مِبْرَد أَظافِر
mibrad aẓāfir

DIE KÖRPERPFLEGE - العِنايَة بالجِسْم

die Zahnpasta
مَعْجون أسْنان
maʿjūn asnān

das Parfüm
عِطْر
ʿiṭr

die Gesichtscreme
كريم وَجْه
krīm wajh

der Kamm
مِشْط
mishṭ

das Duschgel
شامْبو الجِسم
shāmbūl-jism

das Shampoo
شامْبو
shāmbū

die Spülung
بَلْسَم
balsam

die Seife
صابون
ṣābūn

die Haarbürste
فُرْشاة شَعْر
furshāt shaʿr

der Kulturbeutel
حَقيبَة أدَوات
ḥaqībat adawāt

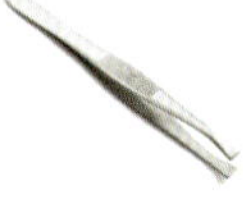

die Pinzette
مِلْقَط
milqaṭ

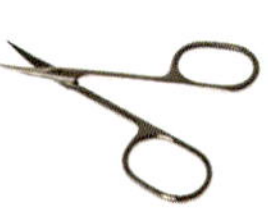

die Nagelschere
مِقَص أظافِر
miqaṣ aẓāfir

ARBEIT UND KOMMUNIKATION

العمل والاتصالات

DIE ARBEITSWELT - مَجال العَمَل

das Bewerbungsgespräch
مُقابَلَة تَرَشُّح لِلْعَمل
muqābalat tarashshuḥ lil-ʿamal

die Bewerberin
مُرَشَّحَة لِلْعَمَل
murashshaḥah lil-ʿamal

die Personalreferentin
مَنْدوبَة شُؤون العامِلِيْن
mandūbat shuʾūn al-ʿāmilīn

der Lebenslauf
سيرَة ذاتِيَّة
sīrah dhātīyah

die Bewerbungsunterlagen
مُسْتَنَدات تَرَشُّح لِلْعَمَل
mustanadāt tarashshuḥ lil-ʿamal

die Stellenanzeige
إعْلان عَن وَظيفَة
iʿlān ʿan waẓīfah

sich um eine Stelle bewerben	rashshaḥa nafsahu li-ʿamal	رَشَّحَ نَفْسَه لِعَمَل
die Arbeitsbedingungen	shurūṭ al-ʿamal	شُروط العَمَل
die Schichtarbeit	ʿamila bit-tanāwubk	عَمَل بِالتَّناوُب
die Teilzeit	niṣf dawām	نِصْف دَوام
die Vollzeit	dawām kāmil	دَوام كامِل
die Qualifikation	muʾahilāt	مُؤَهِّلات
die Berufserfahrung	khibraht ʿamal	خِبْرَة عَمَل

DIE ARBEITSWELT – مَجال العَمَل

der Kugelschreiber
قَلَم حِبْر جاف
qalam ḥibr jāf

die Schere
مِقَص
miqaṣ

der Textmarker
قَلَم تَعْليم
qalam taʿlīm

der Stiftehalter
حامِل أَقْلام
ḥāmil aqlām

das Notizbuch
دَفْتَر مُلاحَظات
daftar mulāḥaẓāt

die Haftnotiz
وَرَق مُلاحَظات لاصِق
waraq mulāḥaẓāt lāṣiq

der Bleistiftspitzer
بَرّايَة
barrāyah

der Radiergummi
مِمْحاة
mimḥāt

der Bleistift
قَلَم رَصاص
qalam raṣāṣ

die Reißzwecke
دَبابيس تَعْليق
dabābīs taʿlīq

die Büroklammer
مِشْبَك وَرَق
mishbak waraq

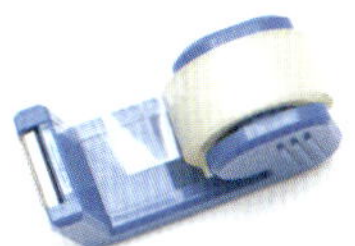

der Tesafilm®
شَريط لاصِق
sharīṭ lāṣiq

der Tacker
خَرّازَة
kharrāzah

der Locher
ثَقّابَة
thaqqābah

der Ordner
مُصَنَّف
muṣannaf

DIE ARBEITSWELT - مَجال العَمَل

die Sitzung
جَلْسَة
jalsah

der Teamleiter
قائِد فَريق
qāʾid farīq

der Teilnehmer
مُشْتَرِك
mushtarik

die Tagesordnung
جَدْوَل أعْمال
jadwal aʿmāl

protokollieren
تَسْجِيل وَقائِع
tasjīl waqāʾiʿ

der Besprechungstisch
طاوِلَة اِجْتِماعات
ṭāwilat ijtimāʿāṭ

die Präsentation
عَرْض
ʿarḍ

der Beamer
جِهاز إِسْقاط فيدْيو
jihāz isqāṭ fīdyū

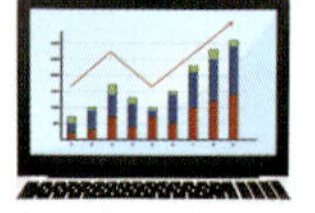

die Folie
رُقاقَة
ruqāqah

das Tortendiagramm
مُخَطَّط دائِري
mukhaṭṭaṭ dāʾirī

DIE ARBEITSWELT - مَجال العَمَل

der Arbeitgeber
صاحِب العَمَل
ṣāḥib al-ʿamal

① die Assistentin
مُساعِدَة
musāʿidah

② der Kollege
زَميل
zamīl

③ der Arbeitnehmer
عامِل
ʿāmil

④ die Kollegin
زَميلَة
zamīlah

⑤ die Managerin
مُديرَة
mudīrah

⑥ der Chef
رَئيس
raʾīs

die Vertretung	tamthīl	تَمْثيل
der Jahresurlaub	ijāzah sanawīyah	إجازَة سَنَوِيَّة
das Gehalt	murattab	مُرَتَّب
die Beförderung	tarqīyah	تَرْقِيَّة
jemandem kündigen	aqāla shakhṣan	أقالَ شَخْصاً
seine Stelle kündigen	istaqāla min ʿamalih	إسْتَقالَ مِن عَمَلِه
verdienen	kasiba	كَسِبَ
in Rente gehen	taqāʿada	تَقاعَدَ

entlassen werden
أُقيلَ
uqīla

DER COMPUTER - الكومْبيوتَر

der Desktop-Computer
حاسوب مَكْتَبي
ḥāsūb maktabi

der Ein/Aus-Schalter
زِر تَشْغيل/إطْفاء
zir tashghīl\iṭfā'

die USB-Schnittstelle
مَنْفَذ USB
manfadh USB

das CD/DVD-Laufwerk
مُحَرِّك قُرْص مَضْغوط/قُرْص رَقمي
muḥarrik qurṣ maḍghūṭ\qurṣ raqmī

die Tastatur
لَوْحَة مَفاتيح
lawḥat mafātīḥ

der Bildschirm
شاشَة
shāshah

die Maus
فَأْرَة
fa'rah

das Scrollrad
عَجَلَة تَدوير
ʿajalt tadwīr

der/das Laptop
كُمْبيوتَر مَحْمول
kumbyūtar maḥmūl

das Stromkabel
كَبْل كَهْرُباء
kabl kahrubā'

die Webcam
كاميرا ويب
kāmirā wib

der Lautsprecher
مُكَبِّر صَوْت
mukabbir ṣawt

DER COMPUTER - الكومْبيوتَر

die CD-ROM
قُرْص مَضْغوط
qurṣ maḍghūṭ

der USB-Stick
موصِل USB
mūṣil USB

der Scanner
ماسِحَة
māsiḥah

der Tintenstrahldrucker
طابِعَة نافِثة لِلْحِبْر
ṭābiʿah nāfithah lil-ḥibr

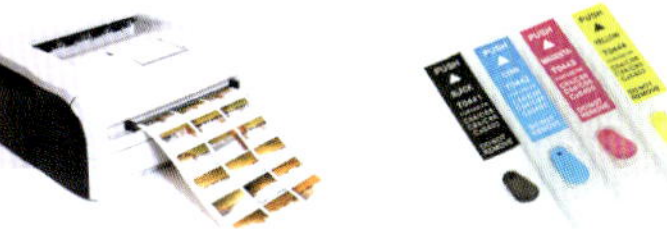

der Laserdrucker
طابِعَة ليزَر
ṭābiʿat lizar

die Tintenpatrone
مَحْبَرَة
maḥbarah

die Tonerkartusche
خَرْطوشَة حِبْر
kharūshat ḥibr

das Mauspad
قاعِدَة لِلْفَأْرَة
qaʿidah lil-faʾrah

eingeben	adkhala	أَدْخَلَ
eine Datei verschieben	azāḥa malaf	أَزاحَ مَلَف
eine Sicherungskopie erstellen	ʿamila nuskhah iḥtiyāṭiyah	عَمِلَ نُسْخَة إِحْتِياطِيَّة
markieren	ʿallama	عَلَّمَ
sich einloggen	sajjala ad-dukhūl	سَجَّلَ الدُّخول
sich ausloggen	sajjala al-khurūj	سَجَّلَ الخُروج
der Neustart	iʿādat tashghīl	إِعادَة تَشْغيل
(die) Bytes	bāyt	بايت

tippen
كَتَبَ
kataba

DER COMPUTER - الكومْبيوتَر

klicken
نَقَرَ
naqara

scrollen
دَحْرَجَ
daḥraja

ausschneiden
قَصَّ
qaṣṣa

kopieren
نَسَخَ
nasakha

einfügen
أَضافَ
aḍāfa

eine Datei ausdrucken
طَبَعَ مَلَف
ṭabaʿa malaf

speichern
خَزَّنَ
khazzana

eine Datei öffnen
فَتَحَ مَلَف
fataḥa malaf

löschen
مَحا
maḥā

der Ordner
مُصَنَّف
muṣannaf

der Papierkorb
سَلَّة مُهْمَلات
sallat muhmalāt

suchen
بَحَثَ
baḥatha

rückgängig machen
أَلْغى
alghā

wiederherstellen
أَعادَ
aʿāda

die Einstellungen
إِعْدادات
iʿdādāt

die Schriftart
نَوْع الخَط
nawʿ al-khaṭ

den Rechner hochfahren
شَغَّلَ الكُمْبيوتَر
shaghghala al-kumbyūtar

den Rechner herunterfahren
أَغْلَقَ الكُمْبيوتَر
aghlaqa al-kumbyūtar

der Mauszeiger
مُؤَشِّر الفأْرَة
mu'ashshir al-fa'rah

die Sanduhr
ساعَة رَمْلِيَّة
sāʿah ramlīyah

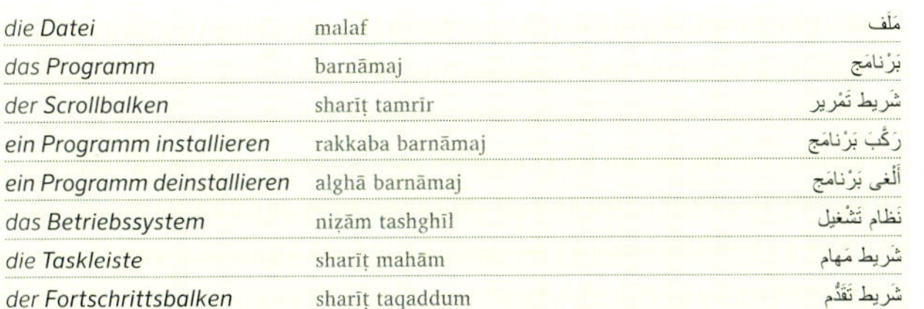

die Datei	malaf	مَلَف
das Programm	barnāmaj	بَرْنامَج
der Scrollbalken	sharīṭ tamrīr	شَريط تَمْرير
ein Programm installieren	rakkaba barnāmaj	رَكَّبَ بَرْنامَج
ein Programm deinstallieren	alghā barnāmaj	أَلْغى بَرْنامَج
das Betriebssystem	niẓām tashghīl	نَظام تَشْغيل
die Taskleiste	sharīṭ mahām	شَريط مَهام
der Fortschrittsbalken	sharīṭ taqaddum	شَريط تَقَدُّم

die Fehlermeldung
تَبْليغ عَن خَطَأ
tablīgh ʿan khaṭa'

DAS INTERNET - الانْتِرنت

das WLAN
واي فاي
wāy fāy

der Browser
مُسْتَعْرِض ويب
mustaʿriḍ wib

der Download
تَحْميل
taḥmīl

die Nachricht
رِسالَة
risālah

die Social Media
وَسائِل إعلام اِجْتِماعيَّة
wasāʾil iʿlām ijtimāʿīyah

die Verschlüsselung
تَشْفير
tashfīr

die E-Mail-Adresse
عُنْوان بَريد اِلِكْتْروني
ʿunwān barīd ilkitrūnī

der Anhang
مُلْحَق
mulḥaq

eine Mail weiterleiten
تَمْرير رِسالَة
tamrīr risālah

senden	arsala	أَرْسَلَ
empfangen	istaqbala	إِسْتَقْبَلَ
das Benutzerkonto	ḥisāb shakhṣī	حِساب شَخْصي
der Posteingang	barīd wārid	بَريد وارِد
der Postausgang	barīd ṣādir	بَريد صادِر
die Abwesenheitsnotiz	risālat ghiyāb al-mutalaqqī	رِسالَة غِياب المُتَلَقّي
die Spammail	barīd ghayr marghūb fīh	بَريد غَيْر مَرْغوب فيه
im Internet surfen	taṣaffaḥa al-intarnit	تَصَفَّحَ الاِنْتَرنِت

MOBILE ENDGERÄTE - الأَجْهِزَة المَحْمولَة

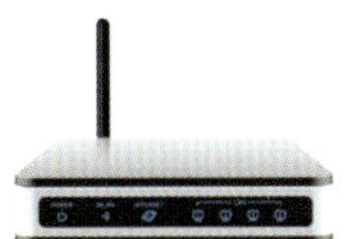

der Router
راوتَر
rāwtar

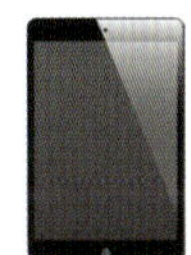

der Tablet-Computer
كُمْبيوتَر لَوْحي
kumbyūtar lawḥī

die SIM-Karte
شَريحَة SIM
sharīḥah SIM

die App
تَطْبيق
taṭbīq

das Handy
هاتِف جَوّال
hātif jawwāl

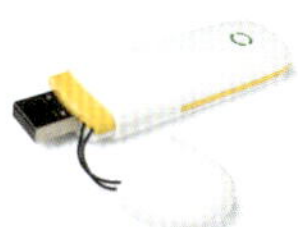

der Surfstick
مُسَيِّر خَلْيَوي
musayyir khalyawi

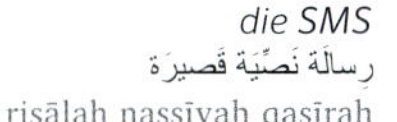

die SMS
رِسالَة نَصِّيَة قَصيرَة
risālah naṣṣīyah qaṣīrah

das Smartphone
هاتِف ذَكي
hātif dhakī

der Touchscreen
شاشَة لَمس
shāshat lams

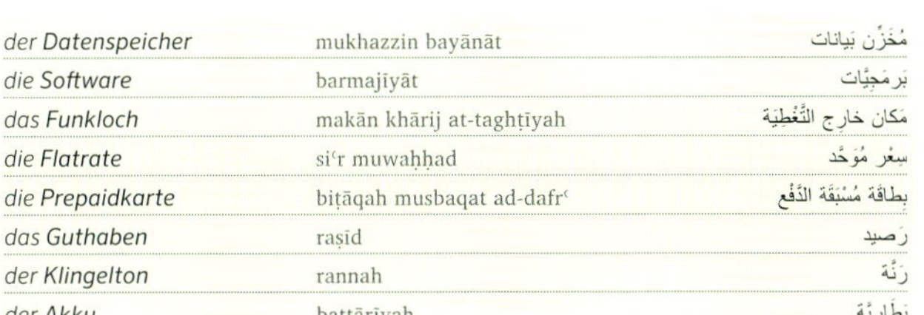

der Datenspeicher	mukhazzin bayānāt	مُخَزِّن بَيانات
die Software	barmajīyāt	بَرمَجِيّات
das Funkloch	makān khārij at-taghṭīyah	مَكان خارِج التَّغْطِيَة
die Flatrate	siʿr muwaḥḥad	سِعْر مُوَحَّد
die Prepaidkarte	biṭāqah musbaqat ad-dafrʿ	بِطاقَة مُسْبَقَة الدَّفْع
das Guthaben	raṣīd	رَصيد
der Klingelton	rannah	رَنَّة
der Akku	baṭṭārīyah	بَطارِيَّة

DAS TELEFON - الهاتِف

das Display
شاشَة عَرْض
shāshat ʿarḍ

das Tastenfeld
لَوْحَة مَفاتيح
lawḥat mafātīḥ

der Telefonhörer
سَمَّاعَة هاتِف
sammāʿat hātif

das Kabel
كَبْل
kabl

der Anrufbeantworter
جِهاز الرَّد عَلى المُكالَمات
jihāz ar-rad ʿalā al-mukālamāt

der Kopfhörer
سَمَّاعَة
sammāʿah

das Mikrofon
ميكْروفون
mīkrufun

das Faxgerät
جِهاز فاكْس
jihāz fāks

jemanden anrufen	ittaṣṣala bi-shakhṣin mā	اتَّصَلَ بِشَخْصٍ ما
wählen	ṭalaba raqaman	طَلَبَ رَقَماً
klingeln	ranna	رَنَّ
Ich möchte bitte ... sprechen.	aurīdu an ukallima … min faḍlik	أُريدُ أن أُكَلِّمَ...مِن فَضْلِك.
Entschuldigung, ich habe mich verwählt.	ʿudhran akhṭa'tu al-ittiṣāl	عُذْراً، أَخْطَأْتُ الاِتِّصال.
Ich stelle Sie durch.	sa'uḥawwiluka	سَأُحَوِّلُك.
Bitte hinterlassen Sie eine Nachricht nach dem Signalton.	yurjā tark risālah baʿd samāʿ aṣ-ṣāfirah	يُرْجى تَرْك رِسالَة بَعْدَ سَماع الصَّافِرَة
Können Sie mich bitte zurückrufen?	hal yumkinuka al-ittiṣāl bī marrah ukhrā?	هَل يُمْكِنُكَ الاِتِّصال بي مَرَّة أُخْرى؟

DIE POST - البَريد

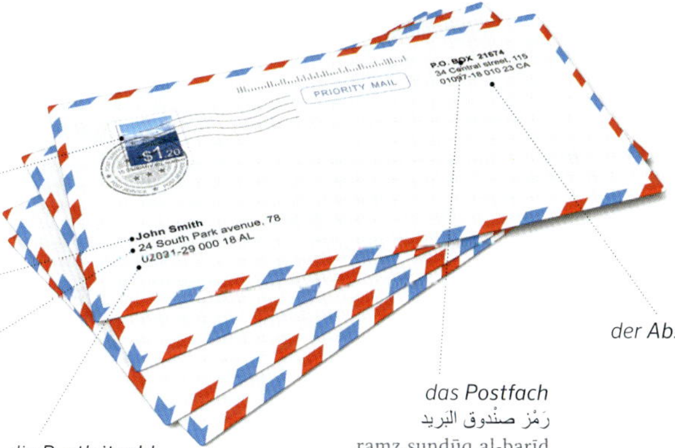

der Briefumschlag
ظَرْف بَريدي
ẓarf barīdī

die Briefmarke
طابِع بَريدي
ṭābaʿ barīdī

der Empfänger
مُتَلَقّي
mutalaqqī

die Adresse
عُنْوان
ʿunwān

die Postleitzahl
رَمْز بَريدي
ramz barīdī

das Postfach
رَمْز صنْدوق البَريد
ramz ṣundūq al-barīd

der Absender
مُرْسَل
mursil

der Brief	risālah	رِسالَة
der Eilbrief	risālah mustaʿjilah	رِسالَة مُسْتَعْجِلَة
portofrei	barīd madfūʿ	بَريد مَدْفوع
einen Brief erhalten	talaqqā risālah	تَلَقّى رِسالَة
einen Brief beantworten	ajāba ʿalā risālah	أجابَ عَلى رِسالَة
jemandem einen Brief schicken	arsala risālah li-shakhṣ mā	أرْسَلَ رِسالَة لِشَخْص ما
das Einschreiben	barīd musajjal	بَريد مُسَجَّل

der Briefkasten
صنْدوق بَريد
ṣundūq barīd

DIE POST - البَريد

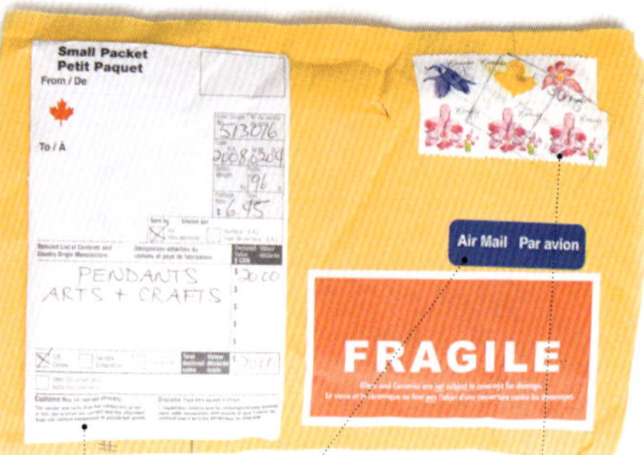

das Päckchen
طَرْد صَغير
ṭard ṣaghīr

per Luftpost
بِالْبَريد الجَوِّي
bil-barīd al-jawwī

das Porto
ثَمَن الطَّوابِع
thaman aṭ-ṭawābiʿ

oben
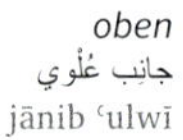
جانِب عُلْوي
jānib ʿulwī

zerbrechlich
قابِل لِلْكَسْر
qābil lil-kasr

vor Nässe schützen
حَمى مِن الرُّطوبَة
ḥamā min ar-ruṭūbah

das Paket
طَرْد بَريدي
ṭard barīdī

liefern	awṣala	أَوْصَلَ
die Leerungszeiten	awqāt tajmīʿ	أَوْقات تَجْميع
versandkostenfrei	shaḥn majānī	شَحْن مَجاني
das Gewicht	wazana	وَزْن
die Waage	mīzān	ميزان
der Hausbriefkasten	ṣundūq barīd manzilī	صُنْدوق بَريد مَنْزِلي
die Postanweisung	ḥiwālah barīdīyah	حِوالَة بَريدِيَّة
Nicht knicken!	lā tathnī!	لا تَثْني!

KLEIDUNG

الملابس

BABYSACHEN - حاجاتُ الرَّضيع

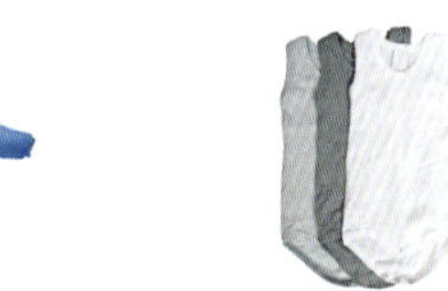

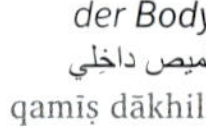

die Stoffwindel
حِفاض قُماشي
ḥifāḍ qumāshi

die Wegwerfwindel
حِفاض لِمَرَّة واحِدَة
ḥifāḍ li-marrah waḥidah

der Schneeanzug
لِباس ثَلْج
libās thalj

der Body
قَميص داخِلي
qamīṣ dākhilī

der Babyfäustling
قُفاز رَضيع
qufāz raḍī'

der Strampler
لِباس رَضيع
libās raḍī'

die Mütze
قُبَّعَة صوفِيَّة
qubba'ah ṣūfīyah

das Babyschühchen
حِذاء رَضيع
ḥidha' raḍī'

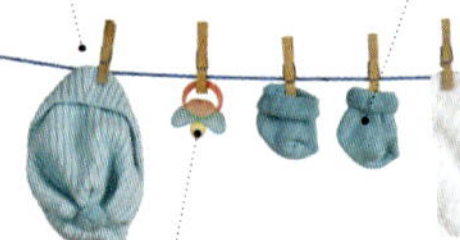

der Schnuller
مَصّاصَة
maṣṣāṣah

das Lätzchen
مَرْيَلَة
maryalah

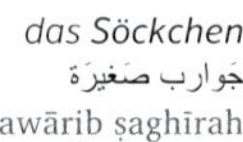

der Sonnenhut
قُبَّعَة شَمْس
qubba'at shams

das Söckchen
جَوارب صَغيرَة
jawārib ṣaghīrah

die Babydecke
غِطاء رَضيع
ghiṭā' raḍī'

HERRENKLEIDUNG - المَلابِس الرِّجاليَّة

der Anzug
بَدْلَة
badlah

der Kragen
ياقَة
yāqah

die Krawatte
رِباط عُنُق
ribāṭ ʿunuq

das Hemd
قَميص
qamīṣ

der/das Sakko
جاكيت
jākīt

die Hose
بَنْطَلون
banṭalūn

das T-Shirt
تي شيرت
tī shirt

das Polohemd
كَنْزَة بِقَبَّة
kanzah bi-qabbah

der Rollkragenpullover
كَنْزَة بِقَبَّة عالِيَة
kanzah bi-qabbah ʿāliyah

die kurze Hose
شورْت
shurt

die Unterhose
لِباس داخِلي
libās dākhilī

die Badehose
شورْت سِباحَة
shurt sibāḥah

DAMENKLEIDUNG - المَلابِس النِّسائِيَّة

das Schulterpolster
كَتّافِيَّة
kattāfīyah

das Oberteil
كَنْزَة بِلا أَكْمام
kanzah bilā akmām

der Blazer
جاكيت
jākīt

die Jeans
جينْز
jīnz

die Stiefelette
جَزْمَة قَصيرَة
jazmah qaṣīrah

das Kleid
فُسْتان
fustān

das Trägertop
كَنْزَة بِحَمّالات
kanzah biḥammālāt

die Bluse
بُلوزَة
bulūzah

die Strickjacke
سُتْرَة صُوْفِيَّة
sutrah ṣūfīyah

der Rock
تَنُّورَة
tannūrah

die Shorts
شورْت
shurt

ACCESSOIRES - كَمالِيّات

die Strumpfhose
بَنْطَلون جَوْرَبي
banṭalūn jawrabī

die Leggings
بَنْطَلون مطّاطي
banṭalūn maṭṭāṭī

der BH
حَمالَة صَدْر
ḥammālat ṣadr

der Badeanzug
لِباس سِباحَة
libās sibāḥah

der Slip
لِباس داخِلي لِلْنِساء
libās dākhilī lin-nisā'

die Socke

جَوْرَب
jawrab

die Brille
نَظّارَة
naẓẓārah

die Sonnenbrille
نَظّارَة شَمْسِيَّة
naẓẓārah shamsīyah

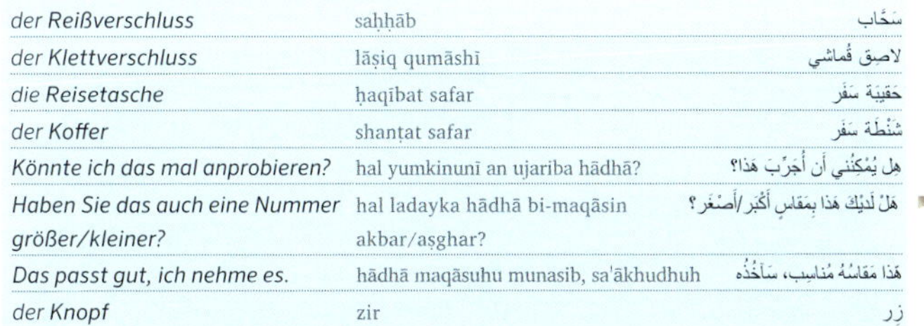

der Reißverschluss	saḥḥāb	سَحّاب
der Klettverschluss	lāṣiq qumāshī	لاصِق قُماشي
die Reisetasche	ḥaqībat safar	حَقيبَة سَفَر
der Koffer	shanṭat safar	شَنْطة سَفَر
Könnte ich das mal anprobieren?	hal yumkinunī an ujariba hādhā?	هِل يُمْكِنُني أن أُجَرِّب هَذا؟
Haben Sie das auch eine Nummer größer/kleiner?	hal ladayka hādhā bi-maqāsin akbar/aṣghar?	هَلْ لَدَيْك هَذا بِمَقاسٍ أَكْبَر/أَصْغَر؟
Das passt gut, ich nehme es.	hādhā maqāsuhu munasib, sa'ākhudhuh	هَذا مَقاسُهُ مُناسِب، سَآخُذُه
der Knopf	zir	زِر

der Rucksack
حَقيبَةُ ظَهْر
ḥaqībat ẓahr

SCHUHE UND LEDERWAREN - أحْذِية وَسِلَع جِلْدِيَّة

die Sandale
صَنْدَل
ṣandal

der Gummistiefel
جَزْمَة مَطّاطِيَّة
jazma maṭṭāṭyyah

der Flip-Flop®
شِبْشِب شاطِئ
shibshib shāṭi'

der hohe Stiefel
جَزْمَة عالِيَّة
jazmah ʿālīyah

der Turnschuh
حِذاء رِياضي
ḥidhā' riyāḍī

der Gürtel
حِزام
ḥizām

der Schnürschuh
حِذاء بِرِباط
ḥidhā' bi-ribāṭ

der Wanderstiefel
حِذاء مَشي
ḥidhā' mashī

die Trekkingsandale
صَنْدَل رِحْلات
ṣandal riḥlāt

der Schnürsenkel	ribāṭ ḥidhā'	رِباط حِذاء
die Gürtelschlaufe	ʿurwat ḥizām	عُرْوَة حِزام
der Keilabsatz	kaʿb ʿarīḍ	كَعْب عَريض
der Absatz	kaʿb	بعْك
die Sohle	naʿl	نَعْل
der Riemen	ḥizām	حِزام
die Schnalle	baklah	ةَلَكْب

NOTDIENSTE
خَدَمَات الطّوارئ

ERSTE HILFE - إسْعافات أَوليَّة

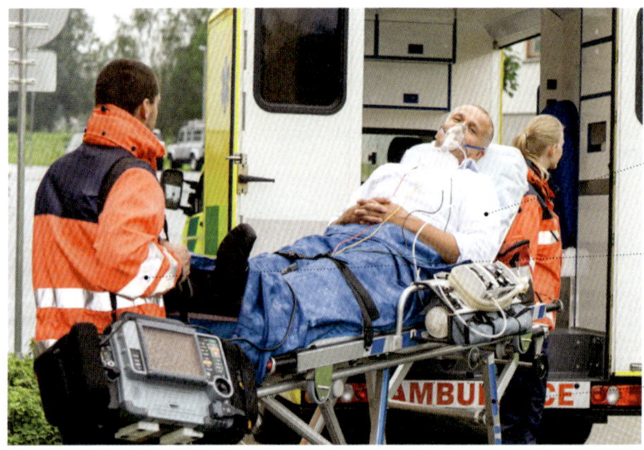

der Rettungswagen
سَيَّارَة إسْعاف
sayyārat is'āf

das Unfallopfer
ضَحِيَّة حادِث
ḍaḥiyyat ḥādith

der Sanitäter
مُساعِدَة طِبِّيَة
musā'idah ṭibbīyah

die Trage
نَقَّالَة
naqqālah

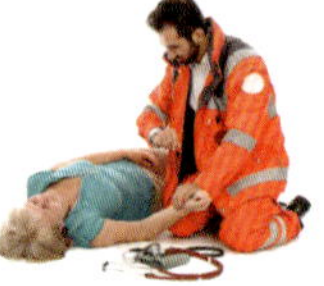

die Pulsmessung
قِياس النَّبْض
qiās an-nabḍ

die stabile Seitenlage
وَضْع الإفاقَة
waḍ' al-ifāqah

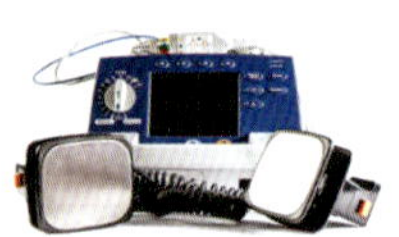

der Defibrillator
جِهاز مُزيل الرَّجَفان
jihāz muzīl ar-rajafān

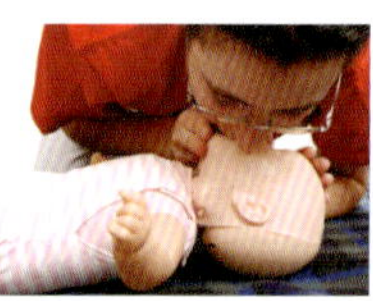

die Mund-zu-Mund-Beatmung
نَفْخ مِن الفَم لِلْفَم
nafkha min al-fam lil-fam

DIE POLIZEI - الشُّرْطَة

die Polizistin
شُرْطِيَّة
shurṭīyah

der Polizist
شُرْطي
shurṭī

das Polizeiauto
سَيَّارَة شُرْطَة
sayyārat shurṭah

der Einbruch
سَطو
saṭū

der Diebstahl
سَرِقَة
sariqah

die Gewalt
عُنْف
ʿunf

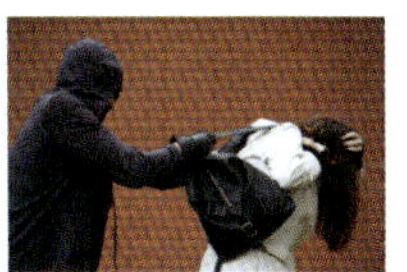

der Raubüberfall
مُداهَمَة سَرِقَة
mudāhamat sariqah

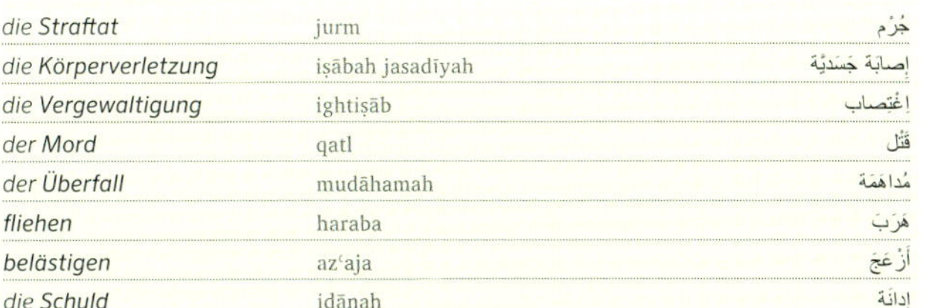

die Straftat	jurm	جُرْم
die Körperverletzung	iṣābah jasadīyah	إصابَة جَسَدِيَّة
die Vergewaltigung	ightiṣāb	إغْتِصاب
der Mord	qatl	قَتْل
der Überfall	mudāhamah	مُداهَمَة
fliehen	haraba	هَرَبَ
belästigen	azʿaja	أَزْعَجَ
die Schuld	idānah	إدانَة

der Taschendiebstahl
نَشْل
nashl

DIE FEUERWEHR - الإطْفاء

der Notausgang
مَخْرَج طَوارِئ
makhraj ṭawāri'

der Feuerwehrmann
رَجُل إطْفاء
rajul iṭfā'

der Feuerlöscher
طَفّايَة حَريق
ṭaffāyat ḥarīq

der Hydrant
صُنْبور
ṣubūr

der Sammelpunkt
نُقْطَة تَجَمُّع
nuqṭat tajammuʿ

der Rauchmelder
جِهاز إِنْذار الدُّخان
jihāz indhār ad-dukhān

die Schwimmweste
سُتْرَة نَجاة
sutrat najāt

der Rettungsring
طارَة إِنْقاذ
ṭārat inqādh

die Notrufnummer
رَقَم طَوارِئ
raqam ṭawāri'

der/die Vermisste	mafqūdūn	مَفْقودون
die Suchmannschaft	farīq baḥth	فَريق بَحْث
die Gefahr	khaṭar	خَطَر
Hilfe!	an-najdah!	النَّجْدَة!
Es ist ein Unfall passiert!	laqad waqaʿ ḥādith!	لَقَد وَقَعَ حادِث!
Rufen Sie einen Rettungswagen!	ittaṣala bisayyārat al-isʿāf!	إتَّصِل بِسَيّارَة الإسْعاف!
Rufen Sie die Polizei!	ittaṣala bish-shurṭah!	إتَّصِل بِالشُّرْطَة!
Rufen Sie die Feuerwehr!	ittaṣala bil-iṭfā'	إتَّصِل بالإطْفاء!

GELD, ZAHLEN UND ZEIT
المال والأَعداد والتّوقيت

DIE BANK - البَنْك

das Chipkartenterminal
جِهاز دَفْع بالبِطاقَة
jihāz dafʿ bil-biṭāqah

der Schalter
شُبّاك
shubbāk

die Kassiererin
أمين صُنْدوق
amīn ṣundūq

die EC-Karte
بِطاقَة خَصْم مُباشَر
biṭāqat khaṣm mubāshar

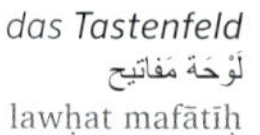

das Tastenfeld
لَوْحَة مَفاتيح
lawḥat mafātīḥ

das Onlinebanking
خَدَمات مصْرِفيَّة عَبْرَالإنْتَرْنِت
khadamāt maṣrifīyah ʿabra al-intarnit

die Kontoüberziehung	saḥb nuqūd bid-dayn	سَحْب نُقود بالدَّيْن
das Girokonto	ḥisāb jārī	حِساب جاري
das Sparkonto	ḥisāb tawfīr	حِساب تَوْفير
die PIN-Nummer	raqam sirrī	رَقْم سِري
der Zinssatz	muʿaddal fāʾidah	مُعَدَّل فائِدَة
das Darlehen	qarḍ	قَرْض
die Hypothek	rahn ʿaqārī	رَهْن عَقاري
die Kontonummer	raqam ḥisāb	رَقْم حِساب

DIE BANK - البَنْك

der Geldschein
عُمْلَة وَرَقيَّة
ʿumlah waraqīyah

die Münze
عُمْلَة مَعْدَنيَّة
ʿumlah maʿdanīyah

die Währung
عُمْلَة
ʿumlah

die Kreditkarte
بِطاقَة اِئْتِمان
biṭāqat iʾtimān

der Geldautomat
صَرَّاف آلي
ṣarrāf ālī

Geld einzahlen
أَوْدَعَ نُقود في حِسابِه
awdaʿa nuqūd fī ḥisābih

Geld abheben
سَحَبَ نُقود مِن حِسابِه
saḥaba nuqūd min ḥisābih

die Rechnung
فاتورَة
fātūrah

Könnten Sie mir das bitte wechseln?	hal yumkinuka an taṣrif lī?	هَل يُمْكِنُكَ أن تَصْرِفلي؟
Wie ist der aktuelle Wechselkurs?	mā siʿr aṣ-ṣarf al-yawm?	ما سِعْرُ الصَّرْف اليَوْم؟
Ich möchte gerne ein Konto eröffnen.	aurīd an aftaḥa ḥisāban.	أُريد أن أَفْتَحَ حِساباً.
der Betrag	mablagh	مَبْلَغ
die Provision	ʿumūlah	عُمولَة
die Wechselstube	maktab ṣirāfah	مَكْتَب صِرافَة

der Überweisungsschein
إِشْعار تَحْويل
ishʿār taḥwīl

DIE ZAHLEN - الأعْداد

null
صِفْر
ṣifr

eins
واحِد
wāḥid

zwei
اِثْنان
ithnān

drei
ثَلاثَة
thalāthah

vier
أَرْبَعَة
arbaʿah

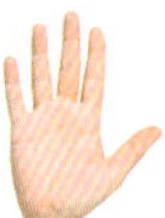

fünf
خَمْسَة
khamsah

sechs
سِتَّة
sittah

sieben
سَبْعَة
sabʿah

acht
ثَمانِيَة
thamāniyah

neun
تِسْعَة
tisʿah

zehn
عَشَرَة
ʿasharah

elf	aḥadah ʿashar	أحَدَ عَشَر
zwölf	ithnā ʿashar	إثْنا عَشَر
dreizehn	thalāthta ʿashar	ثلاثَة عَشَر
vierzehn	arbaʿata ʿashar	أرْبَعَة عَشَر
fünfzehn	khamsata ʿashar	خَمْسَة عَشَر
sechzehn	sittata ʿashar	سِتَّة عَشَر
siebzehn	sabʿata ʿashar	سَبْعَة عَشَر
achtzehn	thamāniīyata ʿashar	ثَمانِيَة عَشَر
neunzehn	tisʿata ʿashar	تِسْعَة عَشَر
zwanzig	ʿishrūn	عِشْرون
einundzwanzig	wāḥid wa ʿishrūn	واحِد وَعِشْرون
zweiundzwanzig	ithnān wa ʿishrūn	إثْنان وَعِشْرون
dreiundzwanzig	thalātah wa ʿishrūn	ثَلاثَة وَعِشْرون
dreißig	thalāthūn	ثَلاثون
vierzig	arbaʿūn	أرْبَعون
fünfzig	khamsūn	خَمْسون
sechzig	sittūn	سِتّون
siebzig	sabʿūn	سَبْعون
achtzig	thamānūn	ثَمانون
neunzig	tisʿūn	تِسْعون
hundert	mā'ah	مائَة

zweihundert	mā'atān wa ithnān	مائَتان وَاِثْنان وَعِشْرون
zweiundzwanzig	wa ʿishrūn	
tausend	alf	ألْف
zehntausend	ʿashrat ālāf	عَشْرَة آلاف
zwanzigtausend	ʿishrūn alf	عِشْرون ألْف
fünfzigtausend	khamsūn alf	خَمْسون ألْف
fünfundfünfzig-tausend	kamsah wa khamsūn alf	خَمْسة وَخَمْسون ألْف
hunderttausend	mā'at alf	مائَة ألْف
eine Million	milyūn	مِلْيون
eine Milliarde	milyār	مِلْيار
eine Billion	bilyun	بِلْيون

DIE ZAHLEN - الأعْداد

erste(r, s)	awwal	أوَّل
zweite(r, s)	thānī	ثاني
dritte(r, s)	thālith	ثالِث
vierte(r, s)	rābiʿ	رابِع
fünfte(r, s)	khāmis	خامِس
sechste(r, s)	sādis	سادِس
siebte(r, s)	sābiʿ	سابِع
achte(r, s)	thāmin	ثامِن
neunte(r, s)	tasiʿ	تاسِع
zehnte(r, s)	ʿāshir	عاشِر
elfte(r, s)	ḥādī ʿashar	حادي عَشَر
zwölfte(r, s)	thānī ʿashar	ثاني عَشَر
dreizehnte(r, s)	thālith ʿashar	ثالِث عَشَر
vierzehnte(r, s)	rabiʿ ʿashar	رابِع عَشَر
fünfzehnte(r, s)	khāmis ʿashar	خامِس عَشَر
sechzehnte(r, s)	sādis ʿashar	سادِس عَشَر
siebzehnte(r, s)	sābiʿ ʿashar	سابِع عَشَر
achtzehnte(r, s)	thāmin ʿashar	ثامِن عَشَر
neunzehnte(r, s)	tāsiʿ ʿashar	تاسِع عَشَر
zwanzigste(r, s)	al-ʿishrūn	العِشْرونَ
einundzwanzigste(r, s)	al-ḥādī wa al-ʿishrūn	الحادي وَالعِشْرون
zweiundzwanzigste(r, s)	ath-thānī wa al-ʿishrūn	الثّاني وَالعِشْرون

dreißigste(r, s)	ath-thalāthūn	الثّلاثون
vierzigste(r, s)	al-arbaʿūn	الأرْبَعون
fünfzigste(r, s)	al-khamsūn	الخَمْسون
sechzigste(r, s)	as-sittūn	السّتّون
siebzigste(r, s)	as-sabūn	السّبْعون
achtzigste(r, s)	ath-thamānūn	الثّمانون
neunzigste(r, s)	at-tisʿūn	التّسْعون
hundertste(r, s)	al-māʾah	المائة
zweihundertste(r, s)	al-miʾatān	المِئتان
zweihundertfünfundzwanzigste(r, s)	al-miʾatān wa al-khān wa al-ʿishrūn	المِئتان وَالخامِس وَالعِشْرون
dreihundertste(r, s)	ath-thalāthmāʾah	الثّلاثُمائَة
tausendste(r, s)	al-alf	الألَف
zehntausendste(r, s)	al-ʿāshir alf	العاشِر ألف
millionste(r, s)	al-milyūn	المِلْيون
zehnmillionste(r, s)	al-ʿāshir milyūn	العاشِر مِليون
vorletzte(r, s)	qabla al-akhīr	قَبلَ الأخير
letzte(r, s)	al-akhīr	الأخير

DIE ZAHLEN – الأعْداد

ein halber/ein halbes/eine halbe	niṣf	نِصْف
ein Drittel	thulth	ثُلْث
ein Viertel	rubʿ	رُبْع
ein Fünftel	khums	خُمْس
ein Achtel	thumn	ثُمْن
drei Viertel	thalāthat arbāʿ	ثَلاثَة أَرْباع
zwei Fünftel	khumsayn	خُمْسَيْن
siebeneinhalb	sabʿah wa niṣf	سَبْعَة وَنِصْف
zwei Siebzehntel	ithnān ʿalā sabʿat ʿashar	إِثْنان عَلى سَبْعَةَ عَشَر
fünf und drei Achtel	khamsah wa thalāthat athmān	خَمْسَة وَثَلاثَة أَثْمان
einmal	marrah wāḥidah	مَرَّة واحِدَة
zweimal	marratān	مَرَّتان
dreimal	thalāth marrāt	ثَلاث مَرَّات
viermal	arbaʿ marrāt	أَرْبَعُ مَرَّات
mehrmals	ʿiddat marrāt	عِدَّة مَرَّات
manchmal	aḥyānan	أَحْياناً
niemals	abadan	أَبَداً
einfach	mithl	مِثْل
doppelt/zweifach	muzdawaj/ḍiʿfayn	مُزْدَوَج/ضِعْفَيْن
dreifach	thalāthat aḍʿāf	ثَلاثَةُ أَضْعاف
vierfach	arbaʿat aḍʿāf	أَرْبَعَةُ أَضْعاف
fünffach	khamsat aḍʿāf	خَمْسَةُ أَضْعاف
sechsfach	sittat aḍʿāf	سِتَّةُ أَضْعاف
mehrfach/vielfach	mutaʿadid al-aḍʿāf/kathīr al-ḍʿāf	مُتَعَدِّد الأَضْعاف/كَثير الأَضْعاف

ein Paar	zawj	زَوْج
ein paar	baʿḍ	بَعْض
wenige	qillah	قِلَّة
manche	baʿḍ	بَعْض
viele	kathīr	كَثير
beide	kilā	كِلا
alle	jamīʿ	جَميع
jeder/jede/jedes	kul aḥad	كُل أَحَد

der Taschenrechner
آلَة حاسِبَة
ālah ḥāsibah

das Prozent
نِسْبَة مِئَوِيَّة
nisbah miʾawīya

der Dezimalpunkt
فاصِلَة عِشْرِيَّة
fāṣilah ʿishrīyah

dividieren
قَسَّمَ
qassama

multiplizieren
ضَرَبَ
ḍaraba

subtrahieren
طَرَحَ
ṭaraḥa

addieren
جَمَعَ
jamaʿa

ist gleich
يُساوي
yusāwī

DIE ZEIT - الوَقْت

ein Uhr
الواحِدَة
al-wāḥidah

zwei Uhr
الثّانِيَة
ath-thāniyah

drei Uhr
الثّالِثَة
ath-thālithah

vier Uhr
الرّابِعَة
ar-rābiʿah

fünf Uhr
الخامِسَة
al-khāmisah

sechs Uhr
السّادِسَة
as-sādisah

sieben Uhr
السّابِعَة
as-sābiʿah

acht Uhr
الثّامِنَة
at-thāminah

zwölf Uhr mittags
الثّانِيَة عَشْرَة ظُهْراً
ath-thāniyah ʿashrah ẓuhran

die Stunde	sāʿah	ساعَة
die Minute	daqīqah	دَقيقَة
eine halbe Stunde	niṣf sāʿah	نِصْف ساعَة
die Sekunde	thāniyah	ثانِيَة
Wie viel Uhr ist es?	kam as-sāʿah al-ān?	كَم السّاعَة الآن؟
Es ist zwei Uhr.	as-sāʿah al-ān ath-thāniyah ʿashrah	السّاعَةُ الآن الثّانِيَةَ عَشْرَة.
Um wie viel Uhr?	fī ayyati sāʿah?	في أيَّةِ ساعَة؟
Um sieben Uhr.	fī as-sāʿah as-sābiʿah	في السّاعَةِ السّابِعَة.

DIE ZEIT - الوَقْت

dreizehn Uhr
الثَّالِثَة عَشَرَ
ath-thālithah ʿashar

vierzehn Uhr
الرَّابِعَة عَشَرَ
ar-rābiʿah ʿashar

fünfzehn Uhr
الخامِسَة عَشَرَ
al-khāmisah ʿashar

sechzehn Uhr
السَّادِسَة عَشَرَ
as-sādisah ʿashar

siebzehn Uhr
السَّابِعَة عَشَرَ
as-sābiʿah ʿashar

dreiundzwanzig Uhr
الثَّالِثَة وَالعِشْرون
ath-thāliithah wa al-ʿishrūn

Mitternacht
مُنْتَصَف اللَّيْل
muntaṣaf al-layl

fünf nach zwölf
الثَّانِيَة عَشْرَة وَخَمْسُ دَقائِق
at-tāsiʿah ʿashrah wa khamsu daqāʾiq

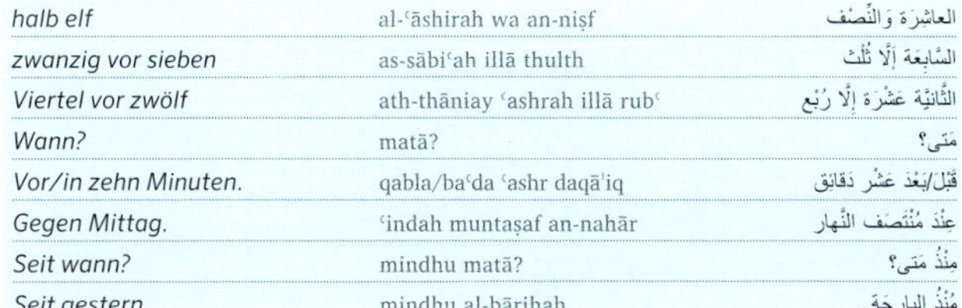

halb elf	al-ʿāshirah wa an-niṣf	العاشِرَة وَالنِّصْف
zwanzig vor sieben	as-sābiʿah illā thulth	السَّابِعَة إلَّا ثُلْث
Viertel vor zwölf	ath-thāniay ʿashrah illā rubʿ	الثَّانِيَة عَشْرَة إلَّا رُبْع
Wann?	matā?	مَتى؟
Vor/in zehn Minuten.	qabla/baʿda ʿashr daqāʾiq	قَبْلَ/بَعْدَ عَشْر دَقائِق
Gegen Mittag.	ʿindah muntaṣaf an-nahār	عِنْدَ مُنْتَصَف النَّهار
Seit wann?	mindhu matā?	مُنْذُ مَتى؟
Seit gestern.	mindhu al-bāriḥah	مُنْذُ البارِحَة.

Viertel nach neun
التَّاسِعَة وَالرُّبْع
at-tāsiʿah wa ar-rubʿ

DIE ZEIT - الوَقْت

die Mitternacht
مُنْتَصَف اللَّيل
muntaṣaf al-layl

der Morgen
صَباح
ṣabāḥ

der Mittag
مُنْتَصَف النَّهار
muntaṣaf an-nahār

der Nachmittag
بَعْدَ الظُهْر
baʿda aẓ-ẓuhr

der Abend
مَساء
masā'

der Frühling
رَبيع
rabīʿ

der Sommer
صَيْف
ṣayf

der Herbst
خَريف
kharīf

der Winter
شِتاء
shitā'

heute	al-yaum	اليَوْم
morgen	ghadan	غَداً
übermorgen	baʿda ghad	بَعْد غَد
gestern	al-bāriḥah	البارِحَة
vorgestern	qabla al-bāriḥah	قَبْلَ البارِحَة
Welches Datum haben wir heute?	mā huwa tārīkh al-yaum?	ماهُوَ تاريخُ اليَوم؟
der 9. September 2016	at-tāsiʿ min aylūl 2016	التَّاسع مِن أَيْلول 2016
der Feiertag	yawm ʿuṭlah	يَوْم عُطْلَة

der Sonntag
الأحَد
al-aḥad
der Dienstag
الثّلاثاء
ath-thulāthā'
der Donnerstag
الخَميس
al-khamīs
der Monat
شَهْر
shahr
der Montag
الاثْنَيْن
al-ithnayn
der Mittwoch
الأَرْبِعاء
al-arbiʿā'
der Freitag
الجُمُعَة
al-jumʿah
der Samstag
السَّبْت
as-sabt
das Datum
تاريخ
tārīkh
der Wochentag
يَوم عَمَل
yawm ʿamal
die Woche
أسْبوع
usbūʿ
der Tag
يَوْم
yawm
das Wochenende
نِهاية الأسْبوع
nihāyat al-usbūʿ
das Jahr
سَنَة
sanah
June
2014
SUNDAY
MONDAY
TUESDAY
WEDNESDAY
THURSDAY
FRIDAY
SATURDAY
1 2 3 4 5 6 7
8 9 10 11 12 13 14
15 16 17 18 19 20 21
22 23 24 25 26 27 28
29 30
2014

MASSE - مقاييس وأوزان وأكيال

der/das Liter
لِتْر
litr

der/das Milliliter
مِلْلِيلِتْر
millīlitr

die Unze
أونْصَة
ūnṣah

das Pint
باينت
bāynt

das Gramm
غرام
ghrām

das Kilogramm
كيلو غرام
kīlu ghrām

die Meile
ميل
mīl

der Kilometer
كيلو مِتْر
kīlu mitr

der/das Meter	mitr	مِتْر
der/das Quadratmeter	mitr murabbaʿ	مِتْر مُرَبَّع
der/das Millimeter	millīmitr	مِلّيمِتْر
der/das Zentimeter	santīmitr	سَنْتيمِتْر
der Zoll	būṣah	بوصَة

INDEX
الفهرس

Index Arabisch
الفهرس العربي

Index und Aussprache Deutsch
الفهرس والنُّطق بالألمانية

INDEX ARABISCH

الفهرس العربي

ا

INDEX UND AUSSPRACHE DEUTSCH

الفهرس والنُّطق بالألمانية

C

D

E

F

G

T

W

Z

BILDNACHWEIS

*= © Fotolia.com

9 istockphoto/andresr, **10** */Alexander Raths, **10** */Jeanette Dietl, **10** */Forgiss, **10** */paulmz, **10** */fotodesign-jegg.de, **10** */mimagephotos, **10** */Syda Productions, **10** */iko, **10** */Jeanette Dietl, **10** */drubig-photo, **10** */oocoskun, **11** */damato, **11** */vbaleha, **11** */Rido, **11** */Ljupco Smokovski, **11** */Jeanette Dietl, **11** */Janina Dierks, **11** */Valua Vitaly, **11** */Rido, **11** */Andres Rodriguez, **11** */Syda Productions, **11** */Valua Vitaly, **12** */Dmitry Lobanov, **12** */Samuel Borges, **12** */DenisNata, **12** */Pavel Losevsky, **12** */WONG SZE FEI, **12** */vgstudio, **12** */Ariwasabi, **13** */Gabriel Blaj, **13** */endostock, **13** */mma23, **13** */Jasmin Merdan, **13** */Tom Wang, **13** */JanMika, **13** */Picture-Factory, **14** */BeTa-Artworks, **14** */michaeljung, **14** */Savannah1969, **14** */patpitchaya, **14** */Sabphoto, **14** */Cello Armstrong, **14** */eyetronic, **14** */Danilo Rizzuti, **14** */Ruth Black, **15** istockphoto/tab1962, **16** */JSB, **16** */Tiberius Gracchus, **16** */visivasnc, **16** */Lasse Kristensen, **16** */Speedfighter, **16** */Bokicbo, **16** */typomaniac, **16** */O.M., **16** */designsstock, **17** */Kurhan, **17** */Brilliant Eagle, **17** */Iriana Shiyan, **17** */terex, **17** */Sashkin, **17** */pyzata, **17** */Igor Kovalchuk, **17** */Maksym Yemelyanov, **17** */pabijan, **18** */Magda Fischer, **19** */Bert Folsom, **19** */Aleksandar Jocic, **19** */yevgenromanenko, **19** */Aleksandr Ugorenkov, **19** */luchshen, **19** */sokrub, **19** */sokrub, **19** */okinawakasawa, **19** */Delphimages, **19** */arteferretto, **19** */Kitch Bain, **19** */Chris Brignell, **20** */Iriana Shiyan, **21** */pics721, **22** */stock_for_free, **23** */mrgarry, **23** */mariocigic, **23** Thinkstock/Hemera, **23** */Denis Gladkiy, **23** */Sergii Moscaliuk, **23** */okinawakasawa, **23** */Alexander Morozov, **23** */kmiragaya, **23** */Alexander Morozov, **23** */Nikola Bilic, **23** */Alona Dudaieva, **23** */Piotr Pawinski, **24** */Kitch Bain, **24** */pholien, **24** */cretolamna, **24** */Harald Biebel, **24** */M.R. Swadzba, **24** */IrisArt, **24** */cretolamna, **24** */picsfive, **24** */Schwoab, **24** */cretolamna, **24** */Stefan Balk, **24** */karandaev, **25** */2mmedia, **26** */simmittorok, **26** */Liliia Rudchenko, **26** */venusangel, **26** */Ljupco Smokovski, **26** */Maksim Kostenko, **26** Thinkstock/Stockbyte, **26** */Xuejun li, **26** */Ljupco Smokovski, **26** */Coprid, **26** */Yingko, **26** Thinkstock/NikolayK, **26** */srdjan111, **27** */adpePhoto, **27** */Africa Studio, **27** */Tiler84, **27** */NilsZ, **27** */Coprid, **28** */Sashkin, **28** */Creatix, **28** */Katrina Brown, **28** */Ljupco Smokovski, **29** */Okea, **30** */kmit, **30** */claudio, **30** */tuja66, **30** */corund, **30** */mick20, **30** */Denis Dryashkin, **30** */tuja66, **30** */CE Photography, **30** */tuja66, **30** */Бурдюков Андрей, **30** */vav63, **31** */Rynio Productions, **31** */Rynio Productions, **31** */scis65, **31** */Coprid, **31** */f9photos, **31** */Freer, **32** */Africa Studio, **32** */ankiro, **32** */Ionescu Bogdan, **32** */Denys Rudyi, **32** */tuja66, **33** */Nomad_Soul, **33** */twister025, **33** */egorovvasily, **33** */womue, **33** Thinkstock/iStockphoto, **33** Thinkstock/iStockphoto, **33** */by-studio, **33** */cherezoff, **34** */Zbyszek Nowak, **34** */opasstudio, **34** */photka, **34** */photka, **34** */Gerald Bernard, **34** */steamroller, **34** */Kasia Bialasiewicz, **34** */mopsgrafik, **34** */fotoschab, **35** istockphoto/JLFCapture, **36** Thinkstock/Keith Levit Photography, **36** Thinkstock/iStockphoto, **36** Thinkstock/iStockphoto, **36** Thinkstock/iStockphoto, **36** Thinkstock/iStockphoto, **37** Thinkstock/Fuse, **37** */Alexandra Gl, **38** */leremy, **38** */leremy, **38** */leremy, **38** */leremy, **38** */leremy, **38** */mrtimmi, **38** */mrtimmi, **38** */mrtimmi, **38** */Bobo, **38** */leremy, **38** */leremy, **38** */FelixCHH, **39** */Vladimir Kramin, **40** */algre, **41** Thinkstock/iStockphoto, **41** */Michael Seidel, **42** Thinkstock/iStockphoto, **42** */Lasse Kristensen, **43** Thinkstock/Stockbyte, **44** Thinkstock/iStockphoto, **44** Thinkstock/iStockphoto, **44** Thinkstock/iStockphoto, **44** Thinkstock/iStockphoto, **44** */Bikeworldtravel, **45** Thinkstock/iStockphoto, **45** Thinkstock/iStockphoto, **46** */Fotito, **46** */tr3gi, **47** istockphoto/monticelllo, **48** */unpict, **48** */Teamarbeit, **48** Dreamstime/Christian Jung, **48** */ExQuisine, **48** */Rémy MASSEGLIA, **48** */lunamarina, **48** */Witold Krasowski, **48** */Dionisvera, **48** */angorius, **48** */Dani Vincek, **48** */felinda, **48** */pedrolieb, **49** */ExQuisine, **49** */volff, **49** Shutterstock/shutterstock.com/Multiart, **50** */valeriy555, **50** */valeriy555, **50** */Barbara Pheby, **50** */volga1971, **50** Dreamstime/Robynmac - Dreamstime.com, **50** */Anna Kucherova, **51** */jerome signoret, **51** */boguslaw, **51** */World travel images, **51** */margo555, **51** */Wolfgang Jargstorff, **52** */valeriy555, **52** */silencefoto, **52** */valeriy555, **52** */valeriy555, **52** */photocrew, **52** */valeriy555, **52** */valeriy555, **52** */Zbyszek Nowak, **52** */Andrey Starostin, **53** */azureus70, **53** */valeriy555, **53** */valeriy555, **53** */valeriy555, **53** */valeriy555, **53** */valeriy555, **53** */valeriy555, **53** */valeriy555, **53** */valeriy555, **54** */valeriy555, **54** Dreamstime/ Skyper1975, **54** */Werner Fellner, **54** */marilyn barbone, **55** Dreamstime/Sergioz, **55** */Africa Studio, **55** */Inga Nielsen, **55** */Inga Nielsen, **55** */Inga Nielsen, **55** */Boris Ryzhkov, **56** Dreamstime/Jirkaejc, **56** */Sergejs Rahunoks, **56** Dreamstime/Givaga, **56** */the_pixel, **56** */Liaurinko, **56** */midosemsem, **56** */Jiri Hera, **56** */juri semjonow, **56** */Brad Pict, **56** */Julian Weber, **56** */Olegich, **56** */komar.maria, **57** */Jiri Hera, **57** */Nitr, **57** */Nitr, **57** */pabijan, **57** */Fotofermer, **57** */gtranquillity, **57** */gtranquillity, **57** */Nitr, **57** */Taffi - Fotolia.cfom, **57** */Taffi, **58** */Jiri Hera, **58** */Liaurinko, **58** */Dmytro Sukharevskyy, **58** */Dmytro Sukharevskyy, **58** */Dmytro Sukharevskyy, **58** */uckyo, **58** */torsakarin, **58** */Thibault Renard, **58** */Dmytro Sukharevskyy, **59** */Jack Jelly, **59** */aktifreklam, **59** */Jacek Chabraszewski, **59** iStockphoto/Gordana Sermek, **59** */Africa Studio, **60** */ashka2000, **60** */womue, **60** */reineg, **60** */reineg, **60** */reineg, **60** */reineg, **60** */Subbotina Anna, **60** */rangizzz, **60** */sjhuls, **61** */Minerva Studio, **61** */eyetronic, **61** */AlienCat, **61** */Thomas Francois, **61** */ag visuell, **62** */Art Allianz, **62** */adisa, **62** */Pumba, **62** */adisa,

62 */Vitaly Maksimchuk, **62** Thinkstock/iStockphoto, **62** */amlet, **62** Thinkstock/ Brand X Pictures, **62** */Joshhh, **62** */808isgreat, **62** Thinkstock/ iStockphoto, **62** */Andres Rodriguez, **63** thinkstock/zf, **64** */CLIPAREA.com, **65***/CLIPAREA.com, **66** Thinkstock/Zoonar, **66** Thinkstock/Hemera @ Getty Images, **67** */Valua Vitaly, **68** */pixelcaos, **69** */Lsantilli, **69** */Sven Bähren, **69** */Tyler Olson, **69** */GordonGrand, **69** */iStockphoto, **69** Thinkstock/oksun70, **69** */Robert Angermayr, **70** */Alexander Raths, **70** */Creativa, **70** */ISO K° - photography, **70** */Sashkin, **71** */Monkey Business, **71** */dalaprod, **71** */drubig-photo, **71** */drubig-photo, **72** */Africa Studio, **72** */iko, **72** */DoraZett, **72** */Creativa, **72** */Gina Sanders, **72** */Subbotina Anna, **72** */drubig-photo, **72** */Ocskay Bence, **72** */detailblick, **72** */Kurhan, **72** */smikeymikey1, **72** */Dmitry Lobanov, **73** Thinkstock/iStockphoto, **73** */Guido Grochowski, **73** */Dmitry Vereshchagin, **73** */treetstreet, **73** */Peter Atkins, **73** */Bandika, **73** */wckiw, **74** */Igor Mojzes, **74** */st-fotograf, **74** */Vidady, **74** Thinkstock/iStockphoto, **74** Thinkstock/iStockphoto, **74** */Gelpi, **74** */Volker Witt, **74** */apops, **74** */juefraphoto, **75** */Michael Schütze, **75** */ brozova, **75** */Rodja, **75** Thinkstock/iStockphoto, **75** */cristi180884, **76** */Africa Studio, **76** */Africa Studio, **76** */Coprid, **76** */Anatoly Repin, **76** */adisa, **76** */Manuel Schäfer, **77** */seen, **77** */only4denn, **77** */Coprid, **77** */blondina93, **77** */by-studio, **77** */Jiri Hera, **77** */Johanna Goodyear, **77** */Tharakorn, **77** */terex, **78** */wiedzma, **78** */kontur-vid, **78** */picsfive, **78** */pattarastock **78** */NilsZ, **78** */picsfive, **78** */picsfive, **78** */ksena32, **78** */cristi180884 **78** */nito, **78** */Tarzhanova, **78** */bpstocks, **79** istockphoto/pixdeluxe, **80** */contrastwerkstatt, **80** */A_Bruno, **81** */Africa Studio, **81** */Diana Taliun, **81** */Rulan, **81** */interklicks, **81** Thinkstock/iStockphoto, **82** */Picture-Factory, **82** */Carlos Caetano, **82** */vda_82, **82** */vetkit, **82** */Jacek Fulawka, **83** */Viorel Sima, **83** */Brian Jackson, **84** */TAlex, **84** */Maksym Yemelyanov, **84** */Vitas, **84** Thinkstock/iStockphoto, **84** */Artur Synenko, **85** */dimakp, **85** */heigri, **85** */Lusoimages, **85** */Apart Foto, **85** */sonne fleckl, **85** */Manuela Fiebig, **85** */Klaus Eppele, **85** */Artur Synenko, **85** */Gina Sanders, **86** */snyfer, **86** */snyfer, **86** */Iurii Timashov, **86** */Iurii Timashov, **86** */Iurii Timashov, **86** */Iurii Timashov, **86** */Iurii Timashov, **86** */Iurii Timashov, **86** */WonderfulPixel, **86** */Iurii Timashov, **86** */Iurii Timashov, **86** */Iurii Timashov, **87** */WonderfulPixel, **87** */WonderfulPixel, **87** */WonderfulPixel, **87** */WonderfulPixel, **87** */vasabii, **87** */grgroup, **87** */ vector_master, **87** */Vectorhouses, **87** */Vectorhouses, **88** */Metin Tolun, **88** */Do Ra, **88** */Do Ra, **88** */Do Ra, **88** */Do Ra, **88** */Do Ra, **88** */Palsur, **88** */marog-pixcells, **88** */Palsur, **89** */inal09, **89** */mtkang, **89** */by-studio, **89** */Scanrail, **89** */RTimages, **89** */Coprid, **89** */Palsur, **89** */Andrew Barker, **90** */ashumskiy, **90** */Vitas, **90** */singkham, **91** */Scanrail, **91** */Dron, **92** Thinkstock/iStockphoto, **92** */gradt, **92** */JiSIGN, **92** */JiSIGN, **92** */JiSIGN, **93** istockphoto/kgtoh, **94** */boumenjapet, **94** */Vera Anistratenko, **94** */carol_anne, **94** */Andrey Armyagov, **94** */Pamela Uyttendaele, **94** */Zbyszek Nowak, **94** */Michaela Pucher, **94** */Katrina Brown, **95** */Karramba Production, **95** */BEAUTYofLIFE, **95** */Khvost, **95** */Khvost, **95** */Elnur, **95** */Gordana Sermek, **95** */Alexandra Karamyshev, **96** */mimagephotos, **96** */Alexandra Karamyshev, **96** */ludmilafoto, **96** */okinawakasawa, **96** Thinkstock/Alexandru Chiriac, **96** */cedrov, **96** */Khvost, **97** */Elnur, **97** */Elnur, **97** */Ruslan Kudrin, **97** */Alexandra Karamyshev, **97** */Robert Lehmann, **97** */Liaurinko, **97** */rangizzz, **97** */Jiri Hera, **97** */Andrew Buckin, **98** */adisa, **98** */PRILL Mediendesign, **98** */Africa Studio, **98** */adisa, **98** */humbak, **98** */Jiri Hera, **98** */Andre Plath, **98** */Alexander Raths, **98** */thaikrit, **99** istockphoto/roibu, **100** */CandyBox Images, **100** */Roman Milert, **100** */Volker Witt, **100** */ AK-DigiArt, **100** */Dario Lo Presti, **101** Thinkstock/Photodisc, **101** */Lukas Sembera, **101** */koszivu, **101** */Photographee.eu, **101** */Monkey Business, **101** */Photographee.eu, **101** */Gerhard Seybert, **102** */ PictureArt, **102** */ Arcady, **102** */playstuff, **102** */beermedia, **102** */Igor Kovalchuk, **102** */Fiedels, **102** */Birgit Reitz-Hofmann, **102** */Claudio Divizia, **102** */Kalle Kolodziej, **103** istockphoto/RBFried, **104** */qech, **104** */contrastwerkstatt, **104** */Santiago Cornejo, **105** */eyewave, **105** */jogyx, **105** */Joop Hoek, **105** */T. Michel, **105** Thinkstock/iStockphoto, **105** Thinkstock/photodisc (Keith Brofsky), **105** */LVDESIGN, **105** */lowtech24, **105** Thinkstock/ iStockphoto, **106** */DDRockstar, **106** */Denys Prykhodov, **106** */Denys Prykhodov, **106** */Denys Prykhodov, **106** */Denys Prykhodov, **106** */Denys Prykhodov, **106** */Denys Prykhodov, **106** */Africa Studio, **106** */Africa Studio, **106** */Africa Studio, **106** */DB, **111** */robert, **112** */magann, **112** */magann, **112** */magann, **112** */magann, **112** */magann, **112** */magann, **112** */magann, **112** */magann, **112** */magann, **113** */magann, **113** */magann, **113** */magann, **113** */magann, **113** */magann, **113** */magann, **113** */magann, **113** */vvoe, **113** */Lucky Dragon, **114** */tomreichner, **114** */in-foto-backgrounds, **114** */Reicher, **114** */ARochau, **114** */Beboy, **114** */Dmytro Smaglov, **114** */Anton Gvozdikov, **114** */sborisov, **114** */Netzer Johannes, **115** */Maria Vazquez, **116** */m.u.ozmen, **116** */hayo, **116** */lucato, **116** */www.strubhamburg.de.

Arabisch
ISBN: 978-3-12-516012-5

Deutsch als Fremdsprache
ISBN: 978-3-12-516002-6

Deutsch als Fremdsprache – Ausgangssprache Arabisch
ISBN: 978-3-12-516040-8

Englisch
ISBN: 978-3-12-516003-3

Französisch
ISBN: 978-3-12-516004-0

Italienisch
ISBN: 978-3-12-516006-4

Polnisch
ISBN: 978-3-12-516007-1

Russisch
ISBN: 978-3-12-516008-8

Spanisch
ISBN: 978-3-12-516005-7

je 4,99 € **[D, A]**

PONS

Bildwörterbuch Deutsch – Arabisch

Bearbeitet von: Ines Balcik, Néji El Mejri, Fahima Nokraschi

Warenzeichen, Marken und gewerbliche Schutzrechte

Wörter, Fotos und Abbildungen, die unseres Wissens eingetragene Warenzeichen oder Marken oder sonstige gewerbliche Schutzrechte darstellen, sind als solche – soweit bekannt – gekennzeichnet. Die jeweiligen Berechtigten sind und bleiben Eigentümer dieser Rechte. Es ist jedoch zu beachten, dass weder das Vorhandensein noch das Fehlen derartiger Kennzeichnungen die Rechtslage hinsichtlich dieser gewerblichen Schutzrechte berührt.

1. Auflage 2016 (1,02 – 2016)

www.pons.de
E-Mail: info@pons.de

Projektleitung: Helen Schmidt
Gestaltung: Petra Michel, Essen
Umschlaggestaltung: Anne Helbich, Stuttgart
Satz: Lumina Datamatics Ltd.
Umschlagfotos vorne, hinten: Thinkstock/emregologlu, Thinkstock/Bkbook
Logoüberarbeitung: Sabine Redlin, Ludwigsburg
Druck und Bindung: Print Consult GmbH, München
Printed in the EU

ISBN: 978-3-12-516012-5